血脉中的律动

雍也／著

◎回望打量故土家园

◎观照体味人生世相

◎流连品读山川风物

UNITY PRESS
團結出版社

图书在版编目(CIP)数据

血脉中的驿路 / 雍也著. —北京：团结出版社，2019.12

ISBN 978-7-5126-7567-4

Ⅰ. ①血… Ⅱ. ①雍… Ⅲ. ①诗集-中国-当代
Ⅳ. ①I227

中国版本图书馆 CIP 数据核字(2019)第 259439 号

出　　版：团结出版社
（北京市东城区东皇城根南街 84 号　邮编：100006）
电　　话：(010) 65228880　65244790
网　　址：www.tjpress.com
E - mail：65244790@163.com
经　　销：全国新华书店
出版策划：成都力扬文化传播有限公司　028-86965206
印　　刷：成都兴怡包装装潢有限公司

开　　本：145mm×210mm　1/32
印　　张：7
字　　数：110 千字
版　　次：2019 年 12 月第 1 版
印　　次：2021 年 3 月第 2 次印刷

书　　号：ISBN 978-7-5126-7567-4
定　　价：30.00 元

哪条路，哪道水，没有关联，
哪阵风，哪片云，没有呼应。
我们走过的城市、山川，
都化成了我们的生命。

——冯　至

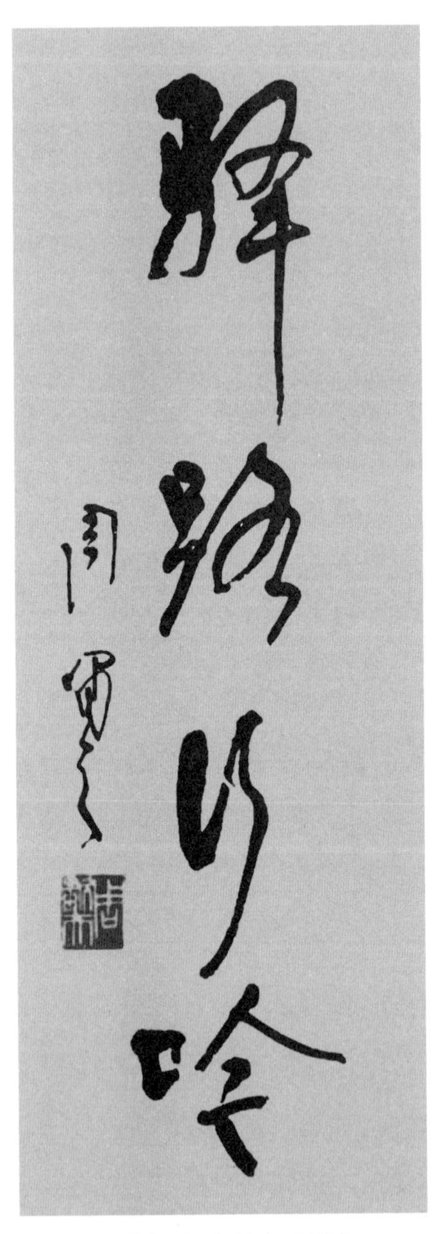

驿路行吟（周啸天题）

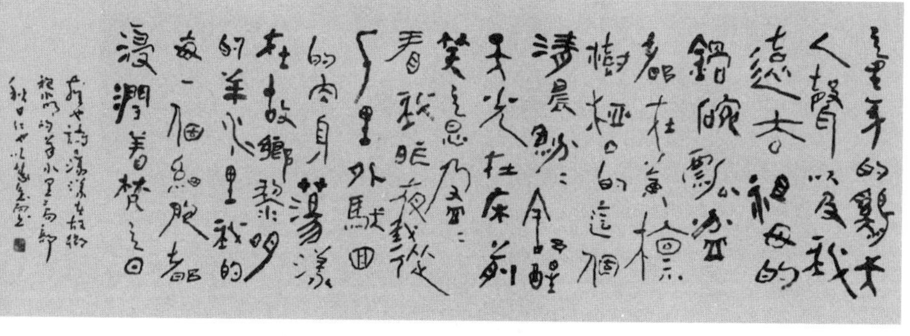

荡漾在故乡黎明的羊水里（陈方仁书）

童年的鸡犬人声

以及我远去祖母的锅碗瓢盆

在黄檩树桠口的这个清晨纷纷舒醒

天光在床前笑意盈盈

看我昨夜从千里之外驼回的肉身

荡漾在故乡黎明的羊水里

我的每一个细胞都浸润着梵音

——《荡漾在故乡黎明的羊水里》

无尘之乡（邱笑秋画作）

一座座雪山托举的圣境
在你的澄怀中
冉冉升起
一处处无尘的故乡
在人心的一隅
破土而出葳蕤生长

——《无尘之乡：观邱笑秋画作》

洛带南华宫（余茂智摄）

一天晚上
我在古镇街巷抬头望见
那枚三百年前的月亮
在广东会馆飞檐翘壁的上空
久久徘徊
充满爱怜的目光
那一刻
我扶住甑子场颤抖的双肩
任他暗夜的一滴清泪
滴在我的脸上

——《甑子场》

龙泉山（刘斌摄）

山重水复的驿路
在明清的马蹄敲叩中
纷至沓来
驿卒挑夫行人商旅
以及辚辚车声萧萧马鸣
像鸟群在天空来来往往

——《在东山》

有一种至美叫朴素

——序《血脉中的驿路》

杨 牧

读雍也的诗有一种很舒坦的感觉，贴实的感觉，几乎每句都不算是特别惊艳但每一句都稳稳地泊在你心底的感觉。这位特别推崇东坡先生“竹枝芒鞋轻胜马，谁怕，一蓑烟雨任平生”的诗者、仕者、儒者、行者，为我们呈现了太多他自己人生驿路上的所遇、所忆、所感、所思，给了我们一次难得的精神享受和心灵碰触。应该说，它是富有感染力的。究其原因，你可以说是因为它有独特的发现、独到的阐释，有俯身大地的诗歌姿态，以及“土地气质”，等等，但我觉得不可忽略的还有它的一大特色：朴素。特别是这些年来我们的诗歌像无线网络一样，从2G到3G，从3G到4G，马上就要到5G了，升级迅猛，更新换代朝新夕异，一般作者对诗艺的把握早已不是什么问题；但也恰恰在这个被称之为“丰沛”的诗歌生态下，出现了过度的技艺化，就像时下美女们的过度化妆，叫我们连“真人”都几乎看不到了。而雍也的诗，常常以素面朝向我们，粉黛俱无，毫发毕露，这怎不叫人感到格外真切、亲切？

列夫·托尔斯泰说：“朴素是美的必要条件。”我们的老祖宗庄子说得更绝对：“朴素而天下莫能与之争美”——这就是说，你一旦朴素到了家，无论他人色彩怎么艳丽、语词怎么奢华、风光怎么旖旎，都无法站到比你更高的 T 型台上！事实上，雍也诗的素美或至美，就有以下诸多方面令人注目。

朴素的叙事。不知是否正好应了“歌诗合为事而作”的古训，雍也诗中常常出现一些故事，或者情节。即使写人（而且写人的篇什尤多），也都多有细节在。比如他写《与父亲通电话》、与妻子补办《绿色低碳的婚礼》，以及《青黄不接时的母亲》《周婆婆的半个人生》《三兄弟》《赵树同》，乃至像带壳蜗牛似的以身体为家的《草狗儿要回老家修房子》等等，这些都像我们坐在洛带的茶馆，听朋友摆谈身边的人或事。他轻松自如，娓娓道来，叫你听得入神入心还倍觉有趣。细节、情节本来就是文学作品中组成社会环境、自然环境乃至整个作品构架的最小单位，特别在诗中，对那些细微、真实可感并有典型意义的情节的描写，不仅可增强作品的具性和可读性，还尤其能展现作者的好恶和情感倾向。譬如他写在电话中提醒父亲多锻炼身体，说完才想起，这正是小时父亲对自己常说的话，“连语气都差不多”。逝者如斯，老小颠倒，这细节就颇耐人寻味。雍也自己就是个有故事的人，他的江湖生涯和职场经历，在他心中积淀了太多有滋有味的东西，他将它们不动声色地注入诗中，常常产生比某些挖空心思的凌空蹈虚更能触动人心的力量。当然，诗歌的叙事与小说的叙事并不相同，后者是为了达到某个目的的一种过程或者手段，前者则自己就是目的的一部分——那叙述本身就应该是诗的。作者深谙其中之道，故许多故事都被他讲得朴素且美且诗意飞扬。

朴素的解构。雍也是个朴实的人，也是个很幽默的人。幽默既是一个人智慧的优越感，也是一种处世态度，包括神态、心态和情态。他常用一种小小的解构手段——我把它称之为“朴素解构”或“轻解构”——处理一些神圣、庄严、高妙的东西，他的《我们的孔夫子》就是这一形态的范例。他用一种调侃、戏谑、看似玩世不恭的语气，将我们民族几千年来的一座“圣山”拉向平面，融入世俗，从而使之近切起来，反倒增强了一般人的接受度。这种手段延伸开来，到了《回到诗经》，包括那首“诗经”中的葱郁“爱情”，也大大增强了诗意美和撩人的力量。及至他的《二舍315》，除依旧发挥其情节、细节处理上的优势外，更因这类手段的运用使我们读得兴味盎然、忍俊不禁，叫人觉得与李亚伟的《中文系》大有异曲同工之妙。“解构主义”本是源自西方的一个哲学流派，它的核心是分解、消解、拆解和消除，挑战权威，追求大众狂欢，虽一直是个有争议的话题，但在中国现代诗歌中的运用并不罕见。但这手段用得过度了，也会产生一些难堪。比如因为它的效果包括幽默，有的就为了幽默而幽默，把自己弄成了“段子手”，还自鸣得意，这就很难说可取了。而雍也的适度正表明了他在艺术上的自鉴能力，因而并未损伤其所固有的美。

朴素的指陈。这里的指陈当然是说指陈世象，指陈时弊。雍也是个很有家国情怀的人，于家，他可以为无处搜寻“可与祖宗对话的神龛”感到怅惘（《老院》）；于国，他更是“报国心长/此生路短/绕阙三匝/也可魂安故乡”（《回乡之路》）。就是这样一个人，不可能不对人世间的不平、不正、不良发声。应该说，这本诗集总体还算比较纯粹，带刺的玫瑰尚不密集，但就在不少“纯粹”的诗中，也不断跳出他善恶判断的指陈之音，有时更是毫不客气地“撩开”“这个时代的底裤”（《致流浪大师及其追随者》），甚至直接亮出自己美学主张的锐度：“诗歌怎能没有/生命的温度/和尖利的爪牙”（《熔岩或凸凹诗》）。他既可发现生态的恶劣致使我们的“很多土地/已经不能分娩蛙声”了（《崇州听蛙》），也能看到“历史上一再上演的剧目：/君子盯住小人的是非喋喋不休/小人盯住君子的头颅磨刀霍霍”（《回乡之路》）。他有时甚至站在一种哲学的高度俯瞰人世：因为“高度自造风景”，故“大地之上正是重重阴霾/这里却是无限风光”（《云端看云》）。一个诗人，如果只看到世间的“阴霾”，不一定是个好诗人；一个诗人，如果完全看不到世间的“阴霾”，则肯定不是个好诗人。诗人可以不惹是非，但是不能不辨是非。这也叫“筋骨”。我赞赏雍也将此集中的一大半作品辑名为“筋骨志”，也很赞成凸凹对雍也文风“凛冽骨立的血性”的认定。

至此我们已可以说，这本诗集显然是一本到了一定“火候”的诗集，有可贵追求和价值的诗集，也是一本可望见证作者可以走远的诗集。

再说几句题外话。有朋友认为生活在龙泉驿的雍也，其创作的“心灵原点”似乎并不在他所出生的川东渠江，我在书中看来看去，他的秉性，他的语汇，他的骨头里的东西，怎么都还是渠江之水泡出来的。况他自己也率然坦陈：“怀揣渠江来到锦江”、“其实/我一直没有离开过/大巴山张望的眼睛。”我无意为渠县的诗歌队伍“拉壮丁”，但我仍然不能不说，雍也还真是“一朵朵故乡/在千里之外热烈绽放”。

2019 年 7 月 12 日于野羚居

杨牧，著名诗人、作家。先后担任《绿风》诗刊主编、《星星》诗刊主编、四川省作家协会党组副书记、中国诗歌学会副会长等职。有名诗《我是青年》《我曾喝过我战马的血浆》等传世。

一股清气：筋骨与衷肠

凸　凹

是四五年前才与雍也的诗行相遇的。再远，读的是他的散文、杂文。相遇其诗后，一直都有读，但都是零散的、碎块的，形成的并不整体的整体印象，没有挑起我特别的激情与跟踪。这几天，用整块时间，连续读完电脑桌面上一大本诗集《血脉中的驿路》，才知自己之前对雍也诗歌作品给予了不公平的对待——虽然这种对待只是盘桓在心里并未刊布的一点纯个人化的小感觉。出现这种差异与矛盾，我想有两个原因：一是我的马虎与误判，二是作者诗艺短期内显著跃升。如果，我们把诗人归为专业和业余两大阵营的话，那么，在我看来，之前的散佚的雍也是业余的，现在的整体的雍也是专业的。

正在过百岁生日的中国新诗的身体内充盈着两脉血缘：一是三千年中国古典诗歌；二是一百六十四年前始于美国诗人沃尔特·惠特曼《草叶集》的西方自由体诗歌，只是每位诗人的血缘比份有所不同罢——这，构成了诗人自己的诗歌传统。雍也诗歌传统的主脉、正源是中国古典诗学，收入这本诗集中的《回到诗经》《诗经里长满郁郁葱葱的爱情》，以及后记的陈述，完全可以看作是作者向汉诗老祖宗的高调致敬。“诗言志，歌永言，声依永，律和声。”（《尚书·舜典》）“诗以道志。”（《庄子·天下篇》）“《诗》言是其志也。”（《荀子·儒效》）在中国诗歌伟大的源头性传统中，其功能，唯一的功能，被表为“诗言志”。而雍也也将这个“志”，摆在了开宗明义的地标性位置上——诗集分为两编，上编即为“筋骨志”。当然，“筋骨志”的志，除了志向和心之所往，还有记载这一层意思。下编为山河传——明里是为山河立传，传颂山河，内里却是请山河代言自己的志：“我们在这里的驻足张望/相拥感叹/是东山亿万年书卷中的/薄薄一页/还是其中的一枚/小小书签/抑或是几只/飞蝶翩翩”（《在东山》）；“百工堰/这首龙泉山最精巧的绝句/立意就超拔起来了”（《百工堰》）。

作者既然拥有和抱定了包含诗言志在内的自己的传统，那么，《血脉中的驿路》中所有诗的立意、语言、结构、意象、叙述等路向，都栖居、皈依在这一传统的规制中。因此，作者在本书《后记》中表白自己的诗观时说：诗歌应该是美的（这当然包括对假恶丑的鞭笞），诗歌应该是可以“歌”的（即有一定的韵律节奏的，所谓“饥者歌其食、劳者歌其事”，有诗歌自身“性别”特征的）。

有什么样的传统，就有什么样的诗。下面我谈到的雍也诗歌的其他特质，其实都是他的传统带来的、给定的。

雍也诗歌传统的主脉是中国文化，并不代表他扬弃了其他文化。他的传统，依然是中国古典诗与西方现代诗在两个向度上的对立统一。

在两个反矢向度上的对立统一，也是他的一大特质。

我们先来看看他诗歌中的书面语向度与口语向度的对立统一。

书面语诗是一个大类，抒情诗是其中的一个大项。

如果说他用他的书面语生发和呈现了他的抒情、咏志、唯美、音律、意象、古风、洗练等诗歌方法与诗风，那么，反过来也是成立的，即，他的以抒情诗为主旨主导的诗歌方法与诗风，生发和呈现了他的书面语写作。这类作品，早期写得更多一些（还包括他写的被他戏称为打油诗的旧体诗）。《三十年前的目光》《失眠是桀骜不驯的木头》《汉阙三章》等作品基本能回答和表征他的抒情诗品相与质地。“此处无酒/我却沉醉不起//一个个汉字/力透石背/像坚利的鹰爪/攫起猎物躯体/即使已是收笔/也是见血封喉的锋刃……痛饮烈酒/长歌当哭/挥毫处风云骤起/落錾时刀剑齐鸣”（《汉阙铭文》）。“抚摸过庄稼的目光更显柔情/刺破过黑夜的目光尤为坚韧/张望父亲千里之外的目光/我看见筚路蓝缕披荆斩棘的祖先/传递而来的星辰的光芒”（《三十年前的目光》）。他的诗歌可以上天入地，水中捞月，点石成金，这得益于他信从的王国维的观点：“诗人对宇宙人生，须入乎其内，又须出乎其外。入乎其内，故能写之，出乎其外，故能观之。入乎其内，故有生气，出乎其外，故有高致。”（《人间词话》）是故，在《观潘存勇画展》里，故乡不再是唯一，不再是一个、一处，而是一朵朵，且可以绽放：

一朵朵故乡
在千里之外热烈绽放

较之抒情诗，口语诗应该是禁忌少些，可以更加自由、灵活地快递诗人的志向、心迹，缩短词与物的距离。也不是没有禁忌。我认为口语诗的禁忌主要有两点，一是怕出不来诗意、诗味，二是恐语言失之干净、节俭。雍也写口语诗，但他反对“言之无味甚至味同嚼蜡且无思想、无内涵、无感情的口水诗”。如果说他的抒情诗通俗易懂，接地气，那他的口语诗则更加通透明彻，与他的大地焊得更加牢实。说人话，食人间烟火，不装神弄鬼，不疯言疯语，排斥口水诗的同时排斥朦胧诗、晦涩诗、阴暗诗、荒诞诗、色情诗、垃圾诗，是雍也正大光明的为诗底线与道德，是雍也一以贯之的诗歌操守与诗歌大道。《二舍 315》《颠倒》《望见朱桃椎》等，皆属于我指认的口语诗范畴。

操持口语诗写作，除了便于很好地言志、立传，对他来说还有一个大大的好处，那就是可以让他与生俱来的、骨子里的幽默风趣，得到妥妥的安放和大尺度的转圜。他的幽默风趣有一个共同点，其根根底底筋筋绊绊都来自草根一样广大的民间：俚语、谚语、口头禅、时尚语等，以及对正襟危坐词语的错位调度与调侃。“其实这位仁兄/一点也不像诗人/因为诗人大多/弱不禁风神经兮兮/而他却是方面大耳膘肥体壮/说笑像打铁一样响亮/若挂上酒葫芦披上袈裟/舞动水磨禅杖/就是能吃能喝能闹/风风火火闯九州的/花和尚”（《诗人崔哥》）。好玩吧。再看，依然好玩：“晨鸣这时候就是一个打坐的和尚/他常常呆若木鸡/有时又“敲敲木鱼”（提笔书写）/偶尔脸上还闪过蒙娜丽莎般的微笑/我们知道/那是他和心仪的缪斯/正在幽会/这个校园文学泰斗/这个往床上一坐就产出一枚金蛋的文学母鸡/这个对文学始乱终弃的家伙/那时却表现得无比忠贞”（《二舍 315》）。但这些好玩的诗行，还非得口语诗出马才扛得下去。但作者的抒情诗和口语诗，也不是可以一刀切下去就立马分了泾渭。其实好的作品往往都是不好归类的，比如张大春《大唐李白》、高行健《灵山》、孙甘露《信使之函》、李洱《应物兄》，等等。

既然是思想和情感私奔
血脉和风云交媾
滋养出的天地精华
诗歌怎能没有
生命的温度
和尖利的爪牙

这是《熔岩或凸凹诗》中的句子，你说属于抒情诗还是口语诗？反正俺是说不抻抖的。要知道，口语诗是对抒情、押韵、晦涩、宫廷话语等的疏离，是对抒情诗的绝决反动与揭竿而起。

我们再来看看他诗歌中软硬的对立统一：筋骨向度与衷肠向度。

笔者暗忖，雍也的诗格、诗境、诗品、诗骨，都是苏东坡《定风波·莫听穿林打叶声》时隔千年一字一字定下来的。他特别信奉“莫听穿林打叶声，何妨吟啸且徐行。竹杖芒鞋轻胜马，谁怕？一蓑烟雨任平生”的大格局、高境界和真洒脱。读诗集《血脉中的驿路》会发现，雍也的诗瓤子里，阳光充沛，密布着粗大、硬朗的筋骨，也就是工匠们所称的龙骨。正是筋骨的到位与作用，撑开和钙化了他诗歌的大格局、大厦宇。现在，我们来瞧瞧这块破空而至的诗歌骨头，置身不同的地方是个什么形态、模样和功能。在失眠中，“把父母的叮咛叠进行囊/青春期思念入骨的长发高高飘扬”（《失眠是桀骜不驯的木头》）。在白桦那里，“他身躯里的寒风/还在呼喇喇地响着/骨头里的真诚仍在熠熠闪光”（《白桦走了》）。在云端，“云朵接天怒放/紧绷的骨骼如松果”（《云端看云》）。在魏晋人物画中，“那些黑色的骨头和沉默的块垒/顷刻在天地间/引来风云四起电闪雷鸣”（《白德松魏晋人物》）。在《甑子场》，“……都曾从他的肋骨间滑过/凡没有让他消亡的/都让他得到生长”。在《凝望汉阙》时，“何况再锈再钝的时光/磨上千年也可削铁如泥/而你们竟然仍是傲骨铮铮”。《回乡之路》上，“灵魂早已返回故乡/骨头还在遥远的路上”。

是筋骨的筋，接通了骨头与衷肠之间的秘道。如果说筋骨是诗物质，衷肠就是诗精神。如果说筋骨是诗大地，衷肠就是诗天空。

志气满满、柔情款款的衷肠，像一道清泉流溢、回漩，填满了骨头与骨头之间透风的缝隙。是的，他的衷肠永远对着他的家国倾诉、他的山河倾诉。写家人的有《奶奶》《与父亲通电话》《苏醒的裁缝》《献给孩子》《拜托贵国人民》《在理查德·克莱德曼钢琴演奏会上》等，写爱情与美好情感的有《色彩斑斓的日子》《那一片月光》《大巴山妹子》等。其实，他的每一首诗包括散文诗都是诉衷肠，因为说心里话、吐真言，就是诉衷肠。

至于他的诗歌是怎么将铁骨与柔情统一在他的纛旗下的，看一下《张新泉和他的诗》或许就找到了心知肚明、豁然开朗的出口：

与高大上的超级帅哥嵇康打铁
有所不同
嵇康打铁是个人爱好
从表面上看是吃饱了撑的
其实他打的是正始年间的黑暗
与心中的块垒
打出的是一种名叫魏晋风度的

闪闪发亮的箔片

……

这样的打铁者

通常会将自己打成

一块失去表情和语言的铁

而你这个张打铁却将自己打成了

成都东边龙泉山一树著名的

花骨朵

从不同角度去对立，又从不同角度去统一，成全了雍也诗歌大而全的整体美。这与他的龙泉驿诗友崔哥的诗歌路线正好相反——崔哥的诗崇尚片断美、残缺美。“各美其美，美人之美，美美与共，天下大同”（费孝通），这是好事，情人眼里出西施嘛。

没有谁可以将诗歌写得尽善尽美，机器人小冰更不能。《血脉中的驿路》毕竟只是雍也的处女诗集，他还有更长的诗路要走。为此，合上这本集子的同时，我愿意看到他的诗写活动有更宽敞的题材、更险峻的构思、更有如神助的句子。

法国哲学家、文学家让－保罗·萨特在《文学是什么》中说过这样一个意思：“首先，我是一位作家，以我的自由意志写作。但紧随而来的，则是我是别人心目中的作家。也就是说，他必须回应某个要求，他被赋予某种社会作用。”雍也是八小时以外的诗人，又是八小时以内被赋予一份社会责任的非诗人，这副高高大大如侠士、白白净净如书生的肉身本相，在他的诗歌中隐隐隐约约但无时不在。

关于这篇小文的命名，我想了好几个，都不理想。我希望这个题目，不仅仅只属于作者的诗文，还应该覆盖文如其人、人如其文的讲究。最终，我从《闪烁》（“你残缺破损而又安然自处的人生/像哥窑瓷器的裂纹/惊艳了我们麻木的/目光和神经/让这个打着哈欠的世界/平添了一丝兴奋/那在臭气熏天的垃圾中/保留的一股清气/或可滋润一粒天空?”）的闪电灵光中，找到了她。对，就是她，一股清气！

有意思的是，我上个月刚刚完成的一篇六七千字的散文，以清流文化为脉线，艾芜故里清流镇为发端，写李冰及都江堰灌区杨升庵、沙汀、巴金等文化人的，叫《一脉清流》。

有了名字，我再回头看雍也所有的诗，字里行间，无不冉冉升腾着一股清气。感谢浊气，没有浊气，那来清气。这正像感谢污泥，没有污泥，哪来荷花。

这股清气，提纯于上下五千年的清流，她有雪的本色、雪的干净、雪的高洁、雪的潇洒、雪的无畏、雪的格局与境界。熟悉雍也的人都知道，要见其筋骨，知其硬朗，需待到雪下时——多少年来大冬天身着一袭单衫已成他的日课。

大雪把窗外的一切
压得喘不过气来
让身体变得真实而疏离
回望那场雪
你的心里像白雪
在一寸一寸堆积覆盖
哦，多么明净单纯
……
那场雪的光芒至今
在暗夜闪耀

那里有我祖母的身影和目光
她正在呼啸的寒风
和刺骨的雪水里
为我濯洗远行的衣裳
——《大雪》

雪，这个单字词，在《血脉中的驿路》中下着，纷纷扬扬，下了十七场之多——《崇州听蛙》《奶奶》《致缪斯的女儿》《在东山》《梦想》等里面都有雪的身影。我们的天空，很多时候，下的是刀子、妖怪和虚词。雍也的天空总下雪。

2019 年 6 月 1—4 日

凸凹，本名魏平。诗人，小说家，编剧。成都市作家协会副主席。著有《甑子场》《大三线》《汤汤水命》等书二十余部。

目　录

○ ●● CONTENTS

第一辑　筋骨志

第三辑 附 录

第一辑

筋骨志

雍也 / 血脉中的驿路

我们的孔夫子

孔夫子其实是个苦命的人
爹妈死得很早
从小就没依靠
青壮年时一直在各国打工
待遇还不及荀子孟子等徒子徒孙
他时刻想谋得一个高管职位
以更好造福社会
他到处推销自己研发的治国神器
都找不到买家
那些一门心思
想着扩大市场占有率的老大
转过身去都嘀咕着对手下一帮二娃说
这个迂夫子卖的产品
好看而不中用
为了事业他做出了巨大牺牲
夫妻长年分居
无法照顾家庭
严重影响夫妻感情

一辈子知音稀少
琴弦弹断也几乎无人能明
连老子这样的明白人也不明白他
嘲笑他不合时宜瞎折腾
连农民伯伯也看不起他
认为他四体不勤五谷不分

有一段时间他和弟子们甚至像老虎犀牛
在原野游荡
那可不是安闲自在
而是衣食无着走投无路苦闷彷徨
甚至曾“累累若丧家之狗”[①]
——夫子被岁月击打得浑身是伤
“知我者谓我心忧，
不知我者谓我何求？”[②]
后来他全世界走了一圈仍一无所获
他自己也承认
这是知其不可为而为之
到老了叶落归根时
颜渊子路等三好学生及班干部
又纷纷夭亡凋零
让他捶胸顿足痛不欲生：
老天爷啊！
你这是要我老孔的命啊！

夫子唱过
“泰山其颓乎！

梁木其坏乎！
哲人其萎乎”[③]
去世后
名声噌噌直往上蹿
从优秀教师到超级名师再到
顶级圣人
脸上被涂了浓浓的脂粉
正经威严得吓人
连皇帝老儿也得装模作样
对他毕恭毕敬
再后来中华民族经历
存亡绝续之劫
人们又把民族苦难部分归咎于他
甚至要他从根子上负起全部责任
老人家的形象也迅速脱水变色
变得可悲甚至可鄙可憎
门庭冷落鲜有问津
其实你一辈子
“志于道据于德
依于仁游于艺”[④]
似乎算得上是
“一个高尚的人
一个纯粹的人
一个有道德的人
一个脱离了低级趣味的人
一个有益于人民的人”[⑤]
应该能获得“国家精神造就者奖”提名

——没有人的声名像你一样
经历过如此垂直起降
那简直是：
捧上天堂为玉皇大帝盖瓦
打下地狱为阎王老爷挖煤[6]

今天
劫后余生的你已被正式平反
大多数人奉你为中华民族的师尊
但仍有少数学而有术或不学有术的专家
以及嘴巴长在脑袋上
脑袋长在别人身上的人
认为你有毒有害功不抵过
对你叽叽咕咕不恭不敬

你目光如炬向后看一千年
越看越清楚
向前看一百年
却风烟四起一片模糊
没有你这个崇尚“郁郁乎文哉”的老夫子[7]
整理华夏民族古老的教科书
到处奔走吆喝儒家产品
兴办人才培训学校培养社会精英
口吐莲花说出一句句
佛谛一样的妙语真言
（这其实就是古代中国人自己的圣经）
……

中华文明还有没有今天这样
源远流长奔流不息
中华民族还有没有今天这样的
骨骼气韵俊朗风神
中国还有没有底气说
自己是曾经的礼仪之邦
中国人还有没有今天这样的
自觉自信民气民魂
……

孔夫子曾经像血脉一样
流过我们的祖先
像江河一样
流过我们的家园
像地下水一样
流过我们的父辈
又将怎样流过我们和儿孙?

注:①见《史记·孔子世家》。

②见《诗经·黍离》。

③见《礼记·檩弓上》。

④见《论语·述而》。

⑤见《纪念白求恩》。

⑥见《暗夜慧灯·没有伦理观念》。原文为:“皇帝的尊严真的要升到三十三天堂,为玉皇大帝盖瓦;臣民的自卑真的要死到一十八层地狱,替阎王爷挖煤”。

⑦见《论语·八佾》。

诗经里长满郁郁葱葱的爱情

诗经里到处长满
郁郁葱葱的爱情
那里的田边地角江河山林
边关羁旅甚至王宫禁地
以及夜色愈暗
思念愈明的地方
处处生长着嫩绿的爱情
在土肥水美的郑卫之地
长势尤为喜人
一簇簇摇曳着
露珠和日月的光影

你触摸那每一个
休眠的字词
都会立刻枝叶舒卷
发出心灵震颤的乐音
返身采撷一束

这有声有色的青春歌咏
华夏民族
抖落千年风尘
瞬间蓬勃年轻

是沧海桑田还是气候流变
后来
我们已难以看到
一望无际茂密生长的爱情

回到诗经

回到诗经
你可采摘到荇菜豆荚和桑叶
更可采到一束束鲜嫩的爱情

回到诗经
你要让翻过院墙的心跳
放低放缓
以免阿妹家的鸡犬听见
向她的兄长告状
让她胆战心惊
回到诗经
你要让爱侣掩藏在
某个田垄或沙洲
然后惴惴不安搜寻
她的衣裙
回到诗经
你要放下身段

请求邀你私奔的妹妹
声音小点
不要让她的戏谑嘲笑
甚至斥骂
让你在人前灰头土脸
直不起腰身
回到诗经
你要做好求之不得
辗转反侧的准备
她是山川缥缈的云烟
是旷野出没的精灵
让你可望而不可即
然后铃铛一般的笑声
突然落在你的面前
湿漉漉的情话
顷刻打湿你的心灵

回到诗经
你要携手你的爱人
让她和你一起
转过那丛灌木
找到尚有余温的海誓山盟和
闪闪发光的童贞

三十年前的目光

黎明和夜晚
我常看见父亲三十年前
放飞的一群目光
翻山越岭
穿云破雾而来
疲惫而硬朗
年轻而沧桑
浸透夜露晨霜
扑喇喇栖落在庭院门窗

那时
父亲用雨水和汗水浇灌土地
用日光和月光催熟稻麦
用手掌和脚掌撑起遮风挡雨的家
用歌声和喘息声驱散头顶沉重的乌云
他的目光和蜂拥而来的苦难
碰撞得呼呼直响

父亲的目光
煨热了我们童年的阴冷
在饥寒的岁月里
他用富含营养的目光
精心将孩子们喂养
让我们本应得佝偻病的身体和心灵
竟然挺拔强壮

抚摸过庄稼的目光更显柔情
刺破过黑夜的目光尤为坚韧
张望父亲千里之外的目光
我看见筚路蓝缕披荆斩棘的祖先
传递而来的星辰的光芒

青黄不接时的母亲

母亲那些日子整日忧心忡忡
她担忧的事不会超过一家人太多
通常只涉及自家婆家和娘家
涉及兄弟老表和七大姑八大姨
但脸色就不一样了
涉及许多像我们一样的老百姓
尤其是在那个青黄不接的春天
当她喝完一碗清汤寡水的稀饭
一大早就走出黄檩树椏口去借粮米
沿着十里八乡
把和我们差不多的亲戚走完
傍晚一无所获地出现在
院坝边竹林旁
落脚后瘫坐在门前的碓窝上
我整日不停劳作的母亲
我一向喜欢说说笑笑的母亲
我吊起锅儿也要当钟打的母亲

这时一脸苍白
一脸阴郁
她望了一眼木头一样立着的我
和哭闹得房屋有点摇晃的弟弟
像太阳落山一样
把头埋下去埋下去
天地一会儿就
黑暗下来了

读杨牧

浸泡在苦水里
竟然发了芽
种在盐碱地里
也长出了丰美的庄稼
失去了青春的自主权
骨头仍呐喊着开出了繁盛的花
风刀霜剑严相逼
你却让一个个伤口
结成了奇丽的痂

放逐太远
因此拥有了辽远的地平线
迎击过重重风暴
你变成了大地凸起的山峦
西风冰雪和战马的血浆
使你复活拔地重生
挥之不去的天狼星

使你的青春凛冽肃杀
也使你习惯了眺望光明
因为吃掉了
太多充盈血气的路
你最终变成了祖国的
一匹汗血马

活着并且记住爱
这也是偈语
——渠江和时代喂养你的是
贫瘠甚至有毒的汁水
多年后
你却带着一大群白白胖胖的
诗歌儿女回来
泪流满面
跪谢报答

注："失去了青春的自主权"、地平线、战马的血浆、天狼星、"充盈血气的路"、汗血马、"活着并且记住爱，这也是偈语"等语分别来自杨牧诗文《我是青年》《我拥有辽远的地平线》、《我喝过战马的血浆》、《天狼星下》、《汗血马》、《圣土》等。

三兄弟

舌头解决不了的
就用拳头解决
拳头解决不了的
就用木头也就是棍棒解决
不愧是賨人故里的孩子[①]
小时候我家三兄弟
都不是省油的灯
经常吵吵闹闹打锤角孽
却像梁山好汉
越打越亲热
我们时而谈时而打
时而联合时而斗争
时而合纵时而联横
就像热闹的三国
曾经碟仙算命显示
老二长大后要当工人
这可不得了

一向与我结成坚固同盟的老三
态度立马大变说：
大哥！看来今后我必须和二哥搞好关系了！
气得我骂他像个叛徒没有骨气
老二说话做事也开始趾高气扬
今年春节我们三兄弟
乘着团圆的酒香
第一次一起回到童年
回到了那闹麻了的岁月
看到那三个傻小子满面通红
在老房子大院坝窜来窜去
撵得飞沙走石鸡飞狗跳
我哈哈大笑指着早已改邪归正的老二说：
你看你那时候的德性，
“又歪又恶又不吃豆芽儿脚！”②

注：①賨人：故乡渠县古名宕渠，为古代少数民族賨人居住地，该民族勇武善战，能歌善舞，号称“板楯蛮”，曾助周人伐殷、刘邦征战等，其中在助武王伐纣中，“歌舞以凌殷人”，在阵前以山呼海啸般的歌舞形式出现，极大地震慑了敌军。

②又歪又恶又不吃豆芽儿脚：四川方言，意为脾气乖张、性格挑剔。

夜半猫声

每天凌晨五点
宿舍门外都会响起几声喵喵
只有一个人心里偷笑
哪里是猫叫哦
那是人叫

我和志同道合的小个子
家有闹钟的杨峰商量
为练出一身行侠仗义的功夫
我们决定半夜起床
闻鸡起舞
他以猫叫为号
我听后即起
一同在夜深人静处淬练筋骨
具体方式是：
到教室点上蜡烛
对照买来的少林拳谱

招式比划
哼哼哈哈
练完后再悄悄钻回被窝
与大家一同起床洗漱早读

这样天天坚持下来
武功似有进步
但一上课就眼皮挣扎打呼噜
有几天杨师兄又来喵喵
叫了半天我也没有动静
后来有几次天都亮了
“猫”还没有来喊我起床

结果是：
黄钟中学的两个傻小子
吃了一身苦头
练出了半身功夫

周婆婆的半个人生

周婆婆拥有我们那个大院子里
最多的亲人
最大的荣耀
也拥有最多的孤苦
最大的屈辱

周婆婆的丈夫二三十年前
东躲西藏
最后藏到了祖国某个偏僻角落
几十年一直不敢露头
据说曾经给家里写过一封信
由于家人没收到无从回信
从此音讯皆无
周婆婆每一次提起他
都像是在远望一只仍在天空游走的孔明灯
眼中充满了光亮和满足

周婆婆一共生有八个儿子
其中一半先后夭折
存活的一半是光棍
成为光棍的原因
一半是因为家徒四壁的贫穷
一半是因为家庭以前盆满钵满的富裕
这一半的光棍儿子中后来又折损一半
——那个脑瓜灵活手脚灵巧的老八
因为生计艰难
外出找活路
最后竟然找到了死路

周婆婆有一个考上清华大学的儿子
虽然这个有出息的儿子
和她的母亲
在心理和空间上都保持着相当远的距离
但她还是骄傲不已
一提起就神采奕奕
她还有一大帮兄弟姊妹
因为这个姐姐
不遗余力的支持资助
一个个先后走向了奔赴延安的革命坦途
后来这些已是大干部的兄弟姊妹中的一半
热情地悄悄地周济她
当然也只是杯水车薪于事无补
但她带回来并与邻居们分享的食品衣物

特别是大馒头
曾让院子里的人们无比羡慕

周婆婆一点也不像
我们在书籍电影中看到的地主那般丑陋狰狞
而是一个穿戴整齐干净利落而且和善的老人
即使在批斗会上被骂得狗血淋头批得垂头丧气
——她就像磨刀石
被岁月和苦难的手掌磨掉了粗粝
磨平了凸凹
有时她闲下来坐在板凳上做针线活
就像一只安静平和圆润自在的瓷器
甚至在提起她的丈夫
读过清华大学的儿子
和她当干部的兄弟姊妹
包括与她相依为命的大老粗儿子老七时
还一脸幸福

惊　起

缠绵的雨水
阴郁了一个又一个晨昏
独坐容膝的小庐
拥着潮湿发霉的心情

一种温暖润透肺腑
阳光的手指抚开眼睛

远山荡起绿的涟漪
鸟儿抛撒乐音缤纷
树叶闪烁着青春的热情

我猛然惊起
春天
早已悄悄
偎在窗棂

六弦琴

如一只蝴蝶
栖落墙头
六弦琴
憔悴了如玉如冰的容颜
喑哑了五彩缤纷的歌喉

每一瓣乐音的飘飞
都令他震颤
六弦曾是一条河
以流淌与奔腾诠释
生命的内涵
常有雄鹰自弦间
振翅飞出
太阳奋起于
心的地平线

是久处蜗居的郁闷

是穿越雨季的缠绵
还是两手空空的愧疚
当音乐再一次盛情邀约
却像树下的眠者
任落花抚弄衣衫

今夜月光叩响窗棂
往昔如浪撞击心扉
他的血管在颤动
胸腔在轰鸣

六弦琴
在今夜苏醒

青春琥珀

少女从草地上飘飞而来
宛如春风里一树桃花
摇曳生姿
叩响少年惺忪琴扉

在人群中搜寻那朵笑靥
在喧闹处捕捉那声婉转
在小径上采撷那缕幽香
在冥想中触抚那根发尖
你是谁心中
无处不在的飞天

清纯娇嫩的时空
被岁月的树脂
滴沥成晶莹剔透的琥珀
埋藏在沧海桑田
闪烁在幽明晦暗

今日打马路过
少女的身影一路相随
前世那朵回眸一笑
依然无比璀璨

二舍315

像猿猴一样顺着铁杆飞身而上
盘腿坐在铁架床的上铺
在豆腐干一般的铺盖上放上纸笔
关闭掉人间的车水马龙
吵闹喧嚣和声色欲望
晨鸣这时候就是一个打坐的和尚
他常常呆若木鸡
有时又“敲敲木鱼”（提笔书写）
偶尔脸上还闪过蒙娜丽莎般的微笑
我们知道
那是他和心仪的缪斯正在幽会
这个校园文学泰斗
这个往床上一坐就产出一枚金蛋的文学母鸡
这个对文学始乱终弃的家伙
那时却表现得无比忠贞

向荣怀抱吉他

像拥着小鸟依人的女友
卿卿我我缠缠绵绵
他的手指在如发的琴弦间抚弄
清泉就从我们心中的山石间
淙淙而下
春天也从万里之外不请自来
满室蜂吟蝶舞
月光常为之在窗棂间依偎停留
至今我梦回 315
仍能踩到一地琤琮琴声

建华手捧金庸古龙
常常看得呵呵傻笑偶尔长啸几声
此君正追随杨过萧峰等大侠
在刀光剑影萧萧马鸣中笑傲江湖
和小龙女黄襄等多情女子
爱得死去活来
偶尔穿越回现代
仍见一袭黑衣剑气森森
在唇枪舌剑中
只刷刷几招就杀得室内众英雄
抱头鼠窜落荒而逃

世忠的两只脚爪爪
正处在水深火热之中
深谙养生之道的他

把那一双蹄子惬意地安放在温水里
同时向全体室友义务播报新闻
以及他即席发表的编者按和社论
有几天他扭住我打官司
要求我为他平反昭雪
因为我在一篇公开展出的手抄报文章里
说他口才极佳且出口成脏
口才极佳实事求是他无意见
不能接受的是出口成脏近于诽谤
对他名誉和形象造成了极大的损害
让他在女同学中抬不起头
经过全体室友反复斡旋
我将他的脏话率由60%改成了40%
和平的曙光才重新降临
现在已是大学教授的世忠
想到这则糗事不知会不会笑得抽风
——但愿他在大学里没有毁人不倦误人子弟

少君静若处子安坐书桌
学而时习之不亦乐乎
偶尔抬起乌溜溜的黑眼珠
不温不火地说
你几爷子声音小点
要不要得
爱情滋润下的连雪
不再整日发呆叹气

仿佛冬眠中苏醒过来的青蛙
重新迎来活蹦乱跳的生命

晓兵近来似乎内分泌失调
像困兽在笼中来回走动
一说话就皮毛火冲
后来我们才理解
他在为毕业后走投无路焦心
其实那段时间我们都惶惶如丧家之犬
只不过他像有些女人
妊娠反应特别严重

此时雍也在跑龙套
参与对世忠谬论的大批判
和室友一起挽救迷失在江湖武林中的建华
附庸风雅向晨鸣学诗
以向荣为师摆弄吉他
或者与托尔斯泰弗洛伊德鲁迅钱钟书等
昏天黑地对话
此时以老鬼向荣为主讲
以荤段子为主要内容的卧谈会尚未开讲

后来我们像蒲公英一样
被毕业季的风吹向四面八方
吹向生活的海洋
吹向新的挣扎奋斗苦乐彷徨

毕业数年之后
向荣来信严词责问
大家散伙之前
为什么没有抱头痛哭一场
为什么没有举杯大醉一场
我嗅到了这个一向嘻嘻哈哈的才子
氤氲满纸的忧伤

二舍 315 像一列呼啸而过的火车
运载着我们的言笑歌声奋斗友谊痛苦
以及滑稽与荒唐
渐行渐远直至没入天边的山野
“我们走过的城市山川
都化成了我们的生命”（注）
摸一摸我们的脉搏
仍听得见它的喧哗与骚动
看得见青春的河流大水汤汤

注：此语为冯至《十四行集》中《我们站立在高高的山巅》中诗句。

淹　没

为久颤的跫音打上休止符
为日思夜梦
找一个出口

当语言破土而出之后
希望的根须呼吸艰难
因为你的风平浪静

你丹唇轻起
流淌出一条河流
淹没了通向你的路

他在岸上挣扎
似乎就要没顶

当月光爬满你的小屋

收藏好你袅娜而去的背影
我背起行囊走入城市的夏天

在大街小巷中奔走穿梭
你晶亮的眸子常在某处闪现
微笑像梦中的花朵
绽放在熙熙攘攘的人群中间

你的名字在咀嚼中愈加香甜
思念的茎须像爬山虎疯长
渴望的鸟儿在城市上空盘旋

当月光爬满你的小屋
你是否触摸到那丛茂盛的思念
是否听见有只鸟儿正扑打着窗沿

徘徊于你的花园

徘徊于你的花园
守候着你的开放

裹紧一枝花蕾
你掩藏着缤纷的想往

世间运行幸有法则
春风能融化冰霜

俯吻一园清芬
默默感谢上苍

重合的太阳星星月亮
让脚下的路更加神采飞扬

那一片月光

你在远方亭亭玉立
裙袂轻飏
走过千山万水
终于抵达你的月光

如朝圣的信徒
膜拜银色山岗
一步一望
走向你的含苞欲放

你在月波中抚弄衣裾
宛若含羞莲花
待放在水中央

穿越漫漫时空
涉过浩渺波光
牵住纤纤玉手

掬起清澈月光

那一片月光
被精心收藏
二十年后启封
依旧清波荡漾
鲜丽芬芳

你还在那道田埂上走着

你从田梗那头
姗姗而来
晶亮的眸子镀亮了时空
长发飘飘
彩裙漫飞
如田野里一道移动的彩虹
将那个雨后的田野走得
一片葱郁生机盎然
栖落在那个夏天　角的白鹤
掠起高飞
蛙声在绿油油的稻田
次第绽放

你还在那道田埂上走着
像沾着露水的花朵
沙沙落下的声音

回忆像初春的犁铧
翻动僵硬的岁月
它们立刻变得柔软湿润
那已经改换了容颜的土地
也返回了拥有稻麦瓜果和青草香味的青春

你还在那道田梗走着
我在注视中
满头黑发已变成双鬓飞雪
而你却光彩四溢
永远年轻

色彩斑斓的日子

这些色彩斑斓的日子
已经被我摩挲得光洁如玉了

那辆在春天清晨
且歌且行的公交车
戛然停在你明媚的路口
你像一颗露珠
在草丛中闪闪发亮
捋起长发上
一缕清风和金色的阳光
你飘然走过人群
像月亮穿过喧嚣的云层
安静地挂在天空
那一路摇晃散落的
全是你的粒粒芬芳
和我跌宕起伏的剧情

跋山涉水
昼伏夜行
如蜜蜂一路追寻
鲜花绽放的声音
麦穗低垂的季节
月华开始洗濯我们
朦胧的话语

着一袭白裙
怀抱粉嫩的婴儿
镀一身圣洁的阳光
笑意盈盈
十年来
一直在那座桥上袅袅婷婷
闪耀成世间
最亮最美的水晶

绿色低碳的婚礼

爱人常常闹着
要我重新选个黄道吉日补办婚礼
说我当初迎娶她是空手套白狼
把我差点笑岔气：
你这个瓜娃子哟！

但想想也是
迎娶这位客家幺妹儿
还真是低成本：
我除了私下里单膝跪地求婚
除了到市里像馆里
照下全部婚纱照
除了共同出资买回铺笼罩被
除了请她们的团委书记小朱主持简短的仪式
以昭告天下
几乎未再花分文
连我身上穿的那件

十分漂亮让人啧啧称赞的毛衣
也是她一针一线
利用业余时间为我打的
——说来也笑死个人：
因为还有半只袖子未打完
我在吃饭时得意忘形脱下外衣
向哥们儿姐们儿炫耀
还露出了马脚

但是
我附在她耳边说了一句话
她立马态度端正
我说
同志哥
千万不要忘了
我还花了无价之宝迎娶你哟
它们是龙泉山的
明月清风
高山流水

你一睁眼

你一睁眼
就会看到专程而来的阳光
含笑站在你的窗前
精心打扮的鲜花
经过一夜跋涉
来到你的身边
日子徐徐摊开
幸福潺潺流动
我们心中的祝福
纷纷展翅起飞
在你的天空盘旋
感恩这个含苞开放的清晨
让我和孩子
以及所有的亲人们都镀上了喜悦的光芒

献给孩子

我开始谛听墙边花草
窃窃私语
细数星星眨眼睛
我开始品读
路边闪烁的孩子的笑脸
采摘每一束鲜嫩的清晨
我开始张望春天的来路
翻犁封冻的土地
迎候诗芽点点滋生

亲爱的孩子
在那个阳光明媚的日子
当我俯身亲吻你第一朵
灿烂的啼哭
生命三原色瞬间齐备
呈现新的七彩缤纷

你尖利的哭笑
把每一个黑夜擦得锃亮
你蹦蹦跳跳的脚丫踩在我们心上
发出世界上
最清脆最美妙的
乐音

我对你充满感恩之心
是你
让我超凡入圣

在理查德·克莱德曼钢琴演奏会上

克莱德曼用钢琴弹奏的名曲
曾经明媚过多少阴郁的天空
温馨过多少寂寞的夜晚
当听说这位风度翩翩的钢琴王子
要亲临成都举办演奏会
我和爱人携着儿子
掐指计算乘车打的
早早端坐在了演奏会现场

王子的眉眼虽已染上岁月的风霜
但琴声依然青春俊朗
他的手指一接触琴键
就像鱼儿回到了水中
他与钢琴如一对冰上的舞者
翩翩飞翔起来
一场音乐的瑞雪
瞬间在蓉城的天空

纷纷扬扬

数曲终了
掌声若雷
克莱德曼起身致意答谢听众
一直很安静很专注的儿子站了起来
理了理衣服
走向过道准备往舞台方向走去
他有点紧张地问已经变得紧张的我们
爸爸妈妈
是不是该我上场了呀

哦，我那在幼儿园
才学了几天钢琴的小家伙
不知接通了哪根神经：
以为老师也安排了他今晚上场
与大师同台竞技交相辉映
这脆生生的天籁之音
成为那天演奏会上最奇妙的乐章

成功地失败

他不动声色
我咬牙切齿

我们以亲密的方式
靠近对方
却在瞬间对各自身体里的
武装部队
作了紧急动员
和调兵遣将
并以电光火石的速度
向对方营垒发起冲锋

我振臂狂呼号令士兵
全力一搏
然而左支右绌阵形已乱
最终兵败如山倒

我一边痛得嗷嗷直叫
落荒而逃
一边捂着受伤的手
哈哈大笑

小子啊
看来你老汉已经
“死在沙滩上”了
盼了这么多年
我终于成功地失败啦

苏醒的裁缝

谈恋爱时
她也没有这么认真地打量我
先把我从头看到脚
又让我站好不动
然后把我像木头一样
车过来转过去
在我的肩头比比
腰间量量
腿边划划
近看远观
站起来蹲下去
这个冬眠了二十年的三脚猫裁缝
今日突然舒醒
心血来潮
重操旧业
要亲手为儿子缝制一件睡衣
因为他要远行天涯离家万里

一个不彻底的唯物主义者

接到父亲电话的那一刻
我很诧异
他几乎从不
主动打电话给我们
听了电话内容
我更是满腹疑惑
他在电话中郑重地说：
你拿笔记到起！
我查了一下老皇历，
9 月 3 日和 9 月 10 日适合远行，
这两天的上午 9 点下午 3 点适合出行
……
这个一辈子从不信
鬼神迷信命运的人
什么时候开始信这玩意儿了
我止不住呵呵笑出声来：
你咋个也信这个了？

他听我不以为意
加重语气说
我本来也不信这些
但孙娃子要到
那么远的地方读书
油多不坏菜
信一下总比不信好
这个坚定的唯物主义者
自此在他的儿子心中
形象坍塌了

与父亲通电话

颠倒

有一天，我在电话中对父亲说
你要坚持锻炼身体哦
要培养多种爱好
让生活多些情趣哟
要会花钱哟
父亲说
要得要得
记到了
电话一挂
我猛然记起
这几乎是他多年前叮嘱我的话
连语气都不差

雷霆

老家暑天太热

我和爱人打电话请父亲来龙泉度夏
他说家里有成群的鸡鸭离不开他
把鸡鸭全卖了不就行啦
他说还有一地玉米等待收割
那点玉米值几个钱
我有点不屑地说
儿子媳妇补贴你不就是啦
他一听就急了
再不值几个卵钱它也是我自己
一锄锄挖出来一桶桶淋出来的嘛

这些年来
我们已经远离土地
甚至有点轻视粮食和庄稼
那一刻我听到了他皱眉的声音
看到了他一脸乌云
甚至听到了隐隐的雷霆

风景

今年公休
我和家人准备陪父亲
坐飞机去北京
看一看他一直神往的故宫天安门
他说这些地方他已经很熟悉
电视里旮旯角角都看过啦

我不甘心继续动员他
他仍然拒绝了
说不要去花冤枉钱
还说
只要我们几兄弟都有出息
并且家和万事兴
他就高兴快乐逍遥自在像神仙
哪里非得辛辛苦苦四处远行
我半天才想明白
原来他的心中自有大好风景

拜托贵国人民

我家小子今年十七
才从青春期的泥泞
和高考的沼泽中
跌跌撞撞摸爬滚打而来
像一株春天的白杨
长得很高但还未长透
懂很多事又不很懂事
脾气很好也很有脾气
在他妈眼里连打个屁都是香的
而老爹却认为处处可忧可虑
玩起手机和做起正事都昏天黑地
关键时刻从不拉稀摆带
颇有中国人的志气
饮食已经能和贵国接轨
喜吃汉堡包肯德基
我担心的是
似无温良恭俭让的礼仪

如今他准备到贵国求学
拜托贵国人民帮我们培养好
数年后还我一个学有所成报国有门的
英才和绅士
不可让他恍兮惚兮
不可让他乐不思蜀
不可见其优秀留作上门女婿
以后我看见你们定当
奉若上宾
恭敬如仪

荡漾在故乡黎明的羊水里

竹鸡笃笃敲叩芬芳的梦境
画眉们争先恐后撒下
珍珠般的啼鸣
两只斑鸠在对面庹家坝上
自在地唱和
像田野里两个乡亲
东一句西一句摆龙门阵
童年的鸡犬人声
以及我远去祖母的锅碗瓢盆
在黄檩树椏口的这个清晨纷纷苏醒
天光在床前笑意盈盈
看我昨夜从千里之外驼回的肉身
荡漾在故乡黎明的羊水里
我的每一个细胞都浸润着梵音

草狗儿要回老家修房子

七十多岁的草狗儿
要回老家修房子
村民听到都笑了
他和三个儿女
在外打工二十余年
对他家的房屋庄稼和祖坟
从来不闻不问
人们以为他们
已经像移栽他乡的树木
早已牢牢生根
变成真正的城里人啦

现在看来
他们与许多混入城市的
农民工一样
只是带壳的蜗牛
以身体为家

一直在城市艰难爬行
怎么能深深扎下根

好在立起来的高楼
能够成为他们衣锦还乡的证明

看望一位弥留中的老人

这个一辈子说话做事像偏东雨一样
稀哩哗啦痛快的人
这个山梁和河谷都掩不住
说笑的人
此时卧病在床应答只能
像蚊蝇一般哼哼了
我在离开老家之前特别去看望
这个弥留之中的老人
我握住他干枯的手
靠近他的耳朵
只是为了让他亲自听见一句悼词：
你是一个好人

当年
他风风火火帮助一位缺乏劳动力的乡亲
在雨季来临前抢收完稻谷
却让自己一大群风雨中

等待回家的稻谷
呼号着困在了田里
那一季
他们一大家老小不知怎么喝的
西北风

左邻右舍乡亲们的事
在他眼中就是大事
他总是随叫随到
常常把自己家的事放在一边
做的好事就像一颗颗谷粒
数不清
其中的一颗种子落在
一个少年的心里
穿过一个个春风夏雨
已在他的中年长出一地葱绿

在阳光的指缝间读久违的诗

这群诗歌是搁在地下室
并关在笼中的鸟
这么多年过去
或许已变成了标本
我和窗外清爽的天空合计后
小心翼翼地靠近它们
把一粒粒璀璨的阳光
投放到它们的喙前
我触摸到它们
轻微的鼻息和鼾声
它们抖落岁月和黑暗的皮屑
眼睛由惺忪变得灵动
万物次第绽放
草木明媚生长
夏天的裙裾沙沙作响
它们开始喊喊喳喳
像将要解冻的河流

酝酿着喧哗与骚动
忽然
它们扑喇喇飞出
在脆嫩的阳光的枝条间
兴高采烈翻飞啼鸣
这群诗歌的带血复活
就在我和这块时空的
一念之间

安　宁

很久没有看到这么温顺的
阳光了
它从窗户间蹑手蹑脚爬进来
蜷伏在你的脚边
它的悄然降临
让瓶中的花草眼前一亮
伸长了脖颈
茶烟也变得袅袅婷婷
抚摸阳光的脊背和绒毛
细数你和爱人指尖上的芳华
时光静静绽放
逸出腊梅的清香

车马的呼啸
一浪一浪袭来
打算淹没这片宁静的光阴
你望了它们一眼笑了

挥手把它们像一群不安分的
鸡犬吆进了窗外

窗外一座座高楼
像水藻一样摇晃着挣扎着

凌晨听鸟

凌晨
鸟儿们开始用喙啄坚硬庞大的
黑暗
叮叮当当的声音
此伏彼起
它们翻飞的号子与歌声
像烟花在夜空中四处绽放
当啄破黑暗最后一层壳
阳光喷涌而出

唤　醒

晨曦笑意盈盈
把窗帘唤醒
小鸟啼鸣脆生生绽放
把家园唤醒
季节如约而至
把昏沉的山川唤醒
花朵四处闪烁
把惺忪的目光唤醒
诗人的心像冰块融化
把唐诗宋词中
和衣而眠的春天
以及冬眠心底的诗句
一一唤醒
你啊
也要把自己生命中酣眠的东西唤醒

美妙的哭声

这些哭声清脆明亮
像稻田里的蛙鸣
密密麻麻生长
没有指挥
也是一支妙不可言的
多声部合唱

这些天籁之音像磁铁
粘住了我的脚步和目光

这是楼下幼儿园开学时
新生入学的壮观景象
我在心里笑着对他们说
孩子哭吧哭吧不是罪
多哭几次
你们的恐惧
就像出痘子一样出掉啦

而且
你们柔嫩的腿脚迈出了
人生这么重大的一步
是应该像大人们一样
咋咋呼呼
敲锣打鼓放鞭炮
弄出点
惊天动地的声响

秋日黄叶

一步一回头
一枚黄叶恋恋不舍
离开枝头
落在季节的一隅
攀着秋风的衣裙
看时间的马蹄
答答远去
在灵与肉的蛰伏里
谛听万里之外春的笑语

四月的一个黎明

鸟啼如缤纷的花雨漫天飞舞
一句诗歌像草叶上的露珠
从梦里滴落下来
晨光睁开了惺忪的眼
窗外的那树春天
已经出落得袅袅婷婷
落落大方了

星期天的楼顶小花园

三角梅像一大群调皮的孩子
喧闹着攀爬在篱笆上
一朵朵月季纷纷露出
蒙娜丽莎般的微笑
蔷薇花在微风中荡着秋千
正在学习的孩子
将英文词句念得像星星一样闪烁
一袭彩裙的爱人
在花叶间轻嗅徜徉
时而伸手把翠绿的枝条
和金色的阳光修剪得
咔嚓作响
摊开的小书上
一行行字句惬意地
品味着时光的芬芳

五十米长的清晨有许多美好

清洁工人抬头问候早
向迎面而来的保安微笑致意
有女子像树叶间一束明媚的光
照过来
一个小朋友为了让后面的
叔叔阿姨顺利通过
蹲起八字脚
用他的小手顶住弹簧门
脸涨得红彤彤的
爱迪尔幼稚园的孩子们
像树林中的一群雏鸟欢叫跳跃
50 米长的一段清晨
竟有多此多的美好

平凡的日子和生命也可精彩绝伦

竟然每个叶片都在努力向上
拥抱阳光
竟然在肩头长出
柔嫩而倔强的枝条
笑傲清风
竟然在枝条顶端开出
星星点点的花朵
点亮人们的目光
配上那一袭绝妙的百褶裙
就成了孔雀开屏
我们常常看见你翩翩起舞展翅翱翔
甚至听见你引吭高歌
小小的多肉植物
永远光彩照人
平凡的日子和生命
竟然过得如此精彩绝伦

蓝　云

把圆月高高举过头顶
轻轻倾泻一抹光华
或者牵起衣裙
与阳光共舞
你就成了我们眼中最美的风景

以千手观音的风采
以奉献的姿态
向天地献出如莲的叶瓣
献出粉嫩的新芽
翠玉的光芒
和感恩的心
甚至在某一天的清晨
献出神来之笔
——眨着眼睛格格直笑的红色小花朵
这横空出世的精灵
像突然打出的旗帜

惊醒了昏昧的天空

俯下身子仰望你
九级宝塔一样的身影
你的衣袂
高过我的头颅
高过屋顶
高过天空鸟的啼鸣

在低头那一瞬间
我看见你化作了爱人的身影

云端看云

云朵接天怒放
紧绷的骨骼如松果
裂开脆响
穿越云端
心灵似莺燕飞翔

在这里看云
朵朵光彩照人
原来世间万象
高度自成风景

每一朵白云的上面
都有太阳慈爱的目光
每一朵乌云的背后
都有灿烂阳光

大地之上正是重重阴霾
这里却是无限风光

犹豫片刻之后

犹豫片刻之后
我微笑着走上前去
亲切友善地握住了他的手
多年前
他曾经像一条狗一样
狠狠地咬过我几口

他咬我
手有什么错呢
今天与我不期而遇
他虽然羞愧欲逃
其实今天他并没有犯错

那我为什么要让人家难过
也让今天晴朗的天空
忽然有阴云朵朵

何况我的手
肝胆皆冰雪
表里俱澄澈
一向豁达大度
光明磊落

注："肝胆皆冰雪""表里俱澄澈"均为南宋张孝祥《念奴娇·过洞庭》中语句。

意　见

几个妹子乘坐的车子
像一只受伤的鸟坠向龙江
这个飞行的轨迹
或许是上帝一场预设的程序
对此我无话可说
但我对你上帝老儿
还是有一肚子意见：
你不应该让一群正在花季的姑娘凋零
实在要让她们离开人间
也应安排他提前把窗户打开
以便她们挣扎时可以稍微自在一点
你尤其不应该安排在这个水深刺骨的河段
让她们熄灭生命
这让她们在天上也会一直
瑟缩发抖寒气入魂

注：2018 年 4 月洛带镇有 4 位年轻姑娘因交通事故坠入甘孜龙江，四条鲜活生命瞬间消失，让人痛惜，特此为记。

张新泉和他的诗

1

目光和思虑所及
所有事物
都变得柔美或柔顺
即使坚硬和僵硬的东西
也立刻变得姿态横生或
俯首贴耳
因为它们知道
你挥动大锤打过烙铁甚至生铁

与高大上的超级帅哥嵇康打铁
有所不同
嵇康打铁是个人爱好
从表面上看是吃饱了撑的
其实他打的是正始年间的黑暗
与心中的块垒

打出的是一种叫魏晋风度的
闪闪发亮的箔片
五大三粗的你打铁
就像铁匍匐在砧板上
是被动的选择
打的是生存的艰困
是人生中的苦难
是一个时代的荒凉和伤痛
打出的是盛放黑色记忆的
形而下之器

这样的打铁者
通常会将自己打成
一块失去表情和语言的铁
而你这个张打铁却将自己打成了
成都东边龙泉山一树著名的
花骨朵①

2

这是一个喜欢
东张西望的老头儿
他喜欢抬头看飞鸟翱翔
看树木招摇
看下里巴人劳作的姿影
甚至俯下身子

看阿猫阿狗恋爱亲热
看虫蚁为口腹奔忙
也看过往在心空云影飘荡
偶尔也像一粒幽深的红豆②
看尘世的不洁与创伤
大多时候更像一尊行走的弥勒
看世间花开花落云卷云舒
众生熙熙攘攘
欢喜在市井田原甚至亡灵坟前
郁郁葱葱生长
然后抚肚呵呵笑出声来
他的目光煦暖
让万物纷纷苏醒起舞
荡漾起一层金色的光芒

注：①见张新泉诗《想龙泉中》：“桃花才骨朵/人心已乱开”。

②见张新泉诗《红豆》：“那些真正的红豆/静静注视我们/让我们低下头来/看自己的不洁与创伤”。

熔岩或凸凹诗

鲜艳的精血奔突
是大地深处捧出的
一朵又一朵灿烂莲花

熔岩不断喷涌
汇成浩荡的河流
轻松潇洒似闲庭信步
沉稳果决像刀锋划出弧线
势不可挡

裹挟着矿物泥石树根草皮
被惊扰的神灵的喘息
被灼醒和激活了的古人
在幽暗处冷凝的声影
蔓延而来
吟啸而去
让你一身大汗淋漓

一片眩晕
目光在很远的地方
才能收束停留

这熔岩是凸凹
巫师一般的语言
汇成的河流是
大水汤汤的凸凹体诗歌

这奔涌的熔岩
一扫天空的沉沦
并不一定让人舒爽
比如它留下的
坑坑洼洼的路面
带着体温的沙砾石头和土埂
特别是坚硬的金属矿物
有可能顶得你脚底生痛
甚至让你出血和尖叫

既然是思想和情感私奔
血脉和风云交媾
滋养出的天地精华
诗歌怎能没有
生命的温度
和尖利的爪牙

诗人崔哥

在他的手掌中
时令是岁月长出的
节疤
总能把玩出凸凹沧桑
和特别的香
他微笑的目光抚过红尘
所有事物开始变得妖娆
他多看一眼的地方
立刻就长出一簇
葱绿的诗来
他甚至能一边大快朵颐呼儿嗨哟
一边分泌出诗来

其实这位仁兄
一点也不像诗人
因为诗人大多
弱不禁风神经兮兮

而他却是方面大耳膘肥体壮
说笑像打铁一样响亮
若挂上酒葫芦披上袈裟
舞动水磨禅杖
就是能吃能喝能闹
风风火火闯九州的
花和尚

观潘存勇画展

侗乡苗寨在心底终年流淌
闪耀着宝石和诗的光芒
祖先与神灵像鸟群
在原野间穿梭飞翔
萨丙与仰阿莎的鲜血与眼泪
如雨露滋润大地
草木与歌谣满山遍野疯长
记忆在云海中翻腾
画笔如岩浆喷涌
一朵朵故乡
在千里之外热烈绽放

注：萨丙、仰阿莎分别为侗族苗族的两个传说人物，萨丙为侗族的英雄圣母，仰阿莎为苗族的美丽爱神。

无尘之乡

——观邱笑秋画作

你用八十岁的童心
打量世间万物
你用饱经沧桑的纯净目光
濯洗蒙尘的人间
让它们纷纷显现出
生命的本初与光芒
桃花源里那一溪
缤纷的落英
青藏高原那一粒粒
旷古烁今的冰雪
汇成你心中一泓泓清泉
在你的笔尖
源源不断渗出
谱写出一曲曲
纤尘不染的
香格里拉恋歌

一座座雪山托举的圣境
在你的澄怀中
冉冉升起
一处处无尘的故乡
在人心的一隅
破土而出葳蕤生长

白德松魏晋人物

你把他们从碎成一地的
粒粒文字中躬身捡拾起来
用墨拼合成一座座
奇崛的山峰
他们黑得发亮坚硬如铁
那些黑色的骨头和沉默的块垒
顷刻在天地间
引来风云四起电闪雷鸣

白桦走了

田野里那株饱经风霜的白桦
静悄悄倒下了
他身躯里的寒风
还在呼呼地响着
骨头里的真诚仍在幽幽闪光

赵树同

这个 83 岁却自称八零后的老顽童
这个自言逍遥“法”外的艺术家
一说起他的想法就刹不住车
需要反复提醒
才红着脸连连点头：
好！好！对不起哈！
我马上就说完了！
接着又滔滔不绝地说下去

他想把他的手稿转化成雕塑
想把更多的藏品转化成
面向大众的展品
想把收藏的无数宝贝转化成
可以飞入寻常百姓家的商品
想把三国演义转化成三国城
他嫌有关方面动作太慢
说到这些他就肝经火旺声高八度

简直比年轻人还性急
老还小嘛
大家都表示理解

我曾在洛带新西南陶瓷厂
亲见他屏气凝神
半小时内把一堆黄泥
捏成站在他面前的一个老外模样
这样又好又快的转化让众人
变得像三星堆的纵目人
引来一片惊呼

直到某一天
上苍突然把这个现实中的老头儿
转化成历史中的老头儿
我们才真正理解他的焦虑和苦心

他希望尽快实现的某些转化
永远无法实现了
但他的肉身
已经转化成了我们心中一尊
仍在滔滔不绝诉说想法的雕像

致流浪大师及其追随者

闪烁

你暗夜中闪烁的目光
是陪伴和抚慰它们的星星
让低于泥土的垃圾
获得了尊严
与你一同流浪的书籍和思考
让你的肮脏和破烂闪闪发光
你残缺破损而又安然自处的人生
像哥窑瓷器的裂纹
惊艳了我们麻木的
目光和神经
让这个打着哈欠的世界
平添了一丝兴奋
那在臭气熏天的垃圾中
保留的一股清气
或可滋润一粒天空？

分享

你们架起长枪短炮
成群结队嚎叫着
围猎一个流浪者拾荒者
你们心里面捏着鼻孔
嘴里憋着气息
簇拥着他肮脏破烂的衣履和不断散发的臭味
你们搔首弄姿地在他面前
作出各种媚人的表情
摆出各种撩人的造型
你们故作多情地
传扬他追捧他崇拜他
甚至东施效颦模仿他
一脸陶醉神往表示要嫁给他
其实是像秃鹫和鬣狗
争抢腐肉一般
分享这个活人的光环

照见

你们蜂拥而至
几乎像圣徒追逐耶稣一样
唯一不同的是
他们心中装满虔敬
你们心中装满流量
你们的手机和相机

像吃了春药一样兴奋
它们照出的是
“流浪大师”的
学识才华和魅力
照见的也是你们的
面目与灵魂
你们掀起的声浪撩开了
这个时代的底裤
让人们惊呼
哦哟！你看这个
丰满而苍白
有趣而无聊
实在而轻薄
的肉身

漂　洗

人生已用得又脏又旧
我开始用黑夜漂洗白昼

失眠是桀骜不驯的木头

失眠是河中桀骜不驯的木头
几次三番把它摁进漆黑的夜里
也未消停

沿着黑暗溯流而上
风吹动鬓边微霜呼呼作响
怀揣渠江来到锦江
背影彷徨
汗水流淌成动人的果实和诗行
把父母的叮咛叠进行囊
青春期思念入骨的长发高高飘扬

身躯里传出人生被时光
窸窸窣窣啮啃的声音
黑夜烛照出生命
触目惊心的残损

这一刻让人看得更清楚
光明正一点一滴来临
黑暗一步三回头退隐
这一刻让人听得更清楚
一枚枯萎的呻吟在飘零
一株柔嫩的啼哭在拔节而生

掬起岁月的倒影
轻吻亲人的鼻息和鼾声
光明与黑暗的合体变得妩媚
仅存一半的家国人生
伸手将我牢牢抱紧

在失眠里实现轮回
在黑暗中沐浴净身

致缪斯的女儿

你用自己的眼光打量世界：透过春天妩媚的笑靥，看到一颗慵倦的灵魂；凝视山岩僵硬的表情，扪触到它律动的生命……

你用心灵采集阳光，啜取音乐，漂洗十七年走过的日子，编织如霞如霓的梦。你并不缺乏翻飞翔舞的飘逸和灵秀，明净的眸光中却最爱泻出柳梢月华的清辉。你垂下眼帘时，思想的蝴蝶翩然飞出，在原野和天空、森林与草原，一路闪烁美丽的翅影。

你打开心扉邀我到你的小屋里坐坐。我看见里面的器物洁净有序，展示出一种沉静的魅力，散发着迷人的光泽，而你的话语像汩汩流动的清泉漫过我心里的石头和泥土，荡漾起清脆美妙的回响。

你扶锄挥汗于广袤的原野，不停地弯下腰去，采撷身边的红花绿草投进诗的小篮，汗水滴亮了脚下的土地——所以，当你的笔尖在素笺上起落，总有晶莹的词句逸出，像鸟儿踏过积雪的枝头，摇下落雪纷纷。

你说你是缪斯的女儿，我相信，你会成为她出色的女儿!

犹豫再三，没有告诉你，有一种潮水正汹涌着漫向我们的家园，无奈地叹息和张望之后，缪斯正像企鹅一样一步一步告别了故乡的海滩。

没有告诉你是因为——

诗歌是美丽的；

被诗情萦绕的人生是美丽的；

我们的世界已经凋零了许多的美丽了……

静夜思

那个夜晚，你流放掉所有的喧嚣，从灯光的纠缠中脱开身来，靠近夜，清爽的感觉像闪电一样穿透你的躯体。足踩秋虫如歌的絮语，啜饮着月华的清辉，你像一只自由的鱼悠游于水……

心灵深处的泉流缓缓渗出，抚吻过被白昼之日炙烤的土地，激起枝叶舒卷的声音。

为了生活，我们像一辆来去奔走不息的车，不停地劳作身躯，消磨心灵，听任扬起的尘沙迷蒙双眼。思想与灵性的水一点一滴地蒸发，理想与人格的光辉一日一日地消隐……

许多悠远的画面自天边彩叶般旋舞而来，点亮了你的双眸，你缓缓停下你的脚步，站成一棵沉默的白杨：那是在倾听远方涛声的呼唤声吗？是在为那双寻找归巢的翅膀导航吗？

那个夜晚，你像星星一样闪烁在龙泉山中的小径，轻嗅夜的芬芳，尘封的日子从此被折叠收藏，栖落已久的音乐和歌声重新扬起了翅膀。

缤纷烙印

那一天，你秀发如柳拂过荒芜路口，璀璨回眸，催生一片绿洲。

那一夜，你彩裙如翼掠起月光散落，清脆而来，荷竹含羞。

那一刻，你倚立墙角静开如兰，春风吻醒我一身枝条，满树花舞枝头。

那一季，你的娉婷身影被远山折叠入袖，漫天大雪，茁壮我的思念忧愁。

那一年，我以你的芬芳果腹，走过冬夏春秋。

从岁月之橱取出记忆把玩，时光如玉，玲珑剔透。

后来，你的彩裙蓬勃生长，灿若云霞，镀亮我生命之舟。

困惑惊讶：

在未牵手你的前世今生，我在哪里托钵游走？

奶　奶

是您在酷暑难当的整整一个夏季，将我的一身重病从家里一趟趟背出，扔在了三十里外去乡间医生的路上，汗水不知多少次浸透了您的衣裳；是您在饥寒的岁月里慷慨地把仅有的一点蛋肉类食物千方百计留给我，让我病弱的童年有一点营养；是您经常带着我走村串户、卖菜赶场，让我去感知人情世相，去触摸田野和阳光；是您在劳作中教我学会一首首歌谣，让我明白“黄连树下弹琴”，再苦再累也可以歌唱；是您在数九寒天用皲裂的双手为远行上学的我清洗衣服被子，又用炉火将它们一一烤干，让我至今心痛不安，温暖衷肠；是您在我高考之际，瞒着家人，头顶烈日，迈开小脚，到二十里外大山里面的“灵验”小庙里为我跪拜神灵，祈愿焚香——那得有多么虔诚，终于让您如愿以偿……

没有您衣襟的遮蔽，我羸弱的身躯难以度过雨雪饥荒；没有您的慈爱和温暖，我的童年之忆会变得寒气如霜；没有您目光的照耀，我少年的天空会变得雾霾重重、黑夜未央。

——而您对孙子的唯一要求是，希望在您去世后，能为您写一篇让人泪流满面的祭祀文章……

山河传

雍也 / 血脉中的驿路

在东山

漫山遍野的桃花
此刻还在东山的子宫里
相拥而眠
朝圣花神的众生
在春天的彼岸逡巡观望
夕阳在百里之外的
西岭雪山上一步一回头
深情缱绻的目光
穿云破雾而来
在一脸红晕的东山上
久久留连
山重水复的驿路
在明清的马蹄敲叩中
纷至沓来
驿卒挑夫行人商旅
以及辚辚车声萧萧马鸣
像鸟群在天空来来往往

今天
我们在这里的驻足张望
相拥感叹
是东山亿万年书卷中的
薄薄一页
还是其中的一枚
小小书签
抑或是几只
飞蝶翩翩

百工堰

青山和几个钓者一起
不动声色地垂钓着
波光粼粼
斜晖脉脉
和山野中的安宁
蓊郁常绿的湖心岛
像一朵硕大的绣球花
饱满而娴静地开放
一群长途跋涉的鸟
撒下几粒友善的问候后
悠然向南飞去
几只似曾相识的白鹭
把衔在嘴里的草甸吐出
以惊艳的弧线擦亮湖光山色
百工堰
这首龙泉山最精巧的绝句
立意就超拔起来了

果园菜畦院落犬吠
一再挽留我们的脚步
愧意油然而生
——这位住在山背后的亲邻
因为我们大半年没有造访
竟然消瘦了许多
那群桃树妹妹
三月还是明眸善睐婆挲多姿
此时已思念成疾形销骨立

在这晶莹通透的时空里
我把自己
像从土里拎起扔出的石块
穿过蜂拥而来的生活
喧嚣的都市
以及层层包裹的中年
扔回了童年的歌笑
和远方的涟漪

因为忙碌和麻木
我们多么容易忽略掉
土地的呼吸
山水的情绪
身边众亲
令人心动的美丽与情义

甑子场

甑子场长得奇崛而硬朗
它是千年古树名木洛带镇
三百年前枯木逢春后
重新长出来的
湖广填川的客家移民
用一滴滴血汗
一抹抹日月的光华
特别是
一句句客家话搅拌在一起
浇灌滋养出了这株参天大树

那些广哩广唧的客家话是客家人
随身携带的一粒粒故乡的种子
无论落脚何处
他们都竭力把新家种成故园的模样
后来这些种子成为
找到三百年前故土亲人的暗语

化为与千年前中原祖宗对话的通灵秘钥
所以他们世世代代
宁丢祖宗田不丢祖宗言

甑子场在东山挑夫扁担的吱呀
和往来车马的喘息声中不断生长
在柴米油盐酱醋茶中
渐渐浸润出飘满蓉城的油烫鹅的香
巫家刘家的兴衰消长
土匪袍哥的争雄打斗
先后粉墨登场
平叛的炮火
甚至破四旧的刀斧
都曾从他的肋骨间一次次滑过
凡没有让他消亡的
都让他得到生长
2005 年世客会荟萃的四海乡音
更唤醒他青春的容光

一天晚上
我在古镇街巷抬头望见
那枚三百年前的月亮
在广东会馆飞檐翘壁的上空
久久徘徊
充满爱怜的目光
那一刻
我扶住甑子场颤抖的双肩

任他暗夜的一滴清泪
滴在我的脸上

涌入江西会馆的阳光

这群阳光不知从哪里
得到消息
忽喇喇地从天井上面
突然涌入
栖落在厅堂的
廊柱桌椅地面
和人们的肩头腿脚边
让人伸手就可触抚到
外面明媚绽放的春天
乡贤们娓娓道来的
客家家风故事
像舞龙时的焰火与铁花
噼啪作响
影影绰绰的客家祖先
在厅堂和厢房的深处
频频含笑点头
小戏台上曾有的

川剧的锣鼓声
生旦净末丑的咿呀声
衣袖拂动声
像花瓣在空中
四处飘飞熠熠生辉

宝胜村

在龙泉驿眼中
这里绿色丰盈
乡愁茂盛
在这里可以吃葡萄不吐葡萄皮
有被养得白白胖胖的传说
可以听到一千年前古人打拱寒暄的声音
云朵在乡村天空的 T 型台上
花枝招展顾盼生情
白鹤的翅影被清澈的阳光濯洗后片片散落下来
让前村的东山相望相闻
让百里外隐居的西岭现身
观景台上可以看到
月亮星星和农家庄稼鱼塘
明亮的心情
庄稼汉们一呐喊
闭目养神的刘家龙就两眼放光
兴奋地扭动起被困得发痒的腰身

腾空而起
吞吐出漫天的风景

注：宝胜村位于龙泉驿区洛带镇，是客家人聚居区，其客家话有古音古韵古风；是著名的刘家龙发源地，以盛产绿色优质葡萄著称。

桃花三章

回望

你的笑靥漫天飞舞
明媚了荆棘丛生的路
跋山涉水
追寻你的裙裾飘拂

山重水复
走过无数花团锦簇
只有蜂飞蝶舞
长啸空山
惊见你绽放幽谷

思念

拥着思念的温暖
穿行在冬风深处

桃花成群结队飞来
啄醒沉睡枝桠
抚慰伤痕累累的泥土
当足尖纷纷起落枝头
春天最华彩的乐章便翩翩起舞

在最冷最暗时节
你屏息静听
桃花已自远方悄悄上路

梦想

《诗经》中逸出的桃香
馥郁了华夏辞章
人面桃花的娇羞
迷醉了千年儿郎
桃花扇上的血泪
溅痛了有情人的肝肠
至善至美的桃花呀
凝聚了古往今来多少含情脉脉的目光

迎候过新人佳偶
泪别过丧乱黎民
蒙尘于狼烟铁蹄
欢欣于海晏河清
至柔至韧的桃花呀

咀嚼吞咽了人间多少喜乐苦恨

蛰伏一冬的桃花
揉着惺忪的眼睛
在暖阳轻吻下纷纷苏醒
像穿巢而出的蜂群飞舞
像冰雪消融的山川歌吟
至欣至幸的桃花呀
闪耀着中华民族多么绚丽的愿景

穿过雾霾遥望桃花

草木严重失血
风霜更加冷酷
天空坠落至楼的高度
城市和乡村扑朔迷离
局促不安
站在春天的彼岸遥望桃花
如想念初恋情人
粉嫩温馨的肌肤

每一朵桃花都笑意盈盈
每一株桃树都摇曳生姿
每一片桃林都光彩照人
踏青者在花间流动
成了桃乡第一道春汛

缤纷的词语在花间闪耀
绮丽的诗句在树间穿梭飞翔

春风花瓣蜂吟蝶舞笑靥
蒸馏出人间绝美的佳酿

长裙曳地的古装少女
在枝头回眸一笑
你瞬间就折回汉唐
变成一骑白马上
衣裾翻飞的翩翩儿郎

拨开冬日重重雾霾
在春天的彼岸遥望桃花
天地澄明
芳菲满眼
温馨入骨

望见朱桃椎

朱桃椎的住家离我们不远
在龙泉城区后面的龙泉山上
朱桃椎打的那种草鞋离我们不远
三十年前的农村
还经常有农民穿它
朱桃椎曾经工作过的地方
离我们要远一点
在一千三百年前
三千公里以外的长安
这位擅长打草鞋的
原隋朝中国人民大学校长
卖草鞋的方式如此环保低碳
离我们就太远啦：
他不与顾客见面
只在山脚下路口悄悄地放下草鞋
悄悄地取走人们放下的粮米茶叶
又悄悄地消失在山野林泉

今天在东山满目的苍翠里
我看见这位异常绿色生态的老兄
像只野兔一样窜出来
在龙泉山的草木间惊艳一闪
又钻回历史的洞穴中去了

注：朱桃椎，隋末唐初益州成都（今龙泉驿区）人，隋末官至国子监祭酒。历史上著名的隐士。

龙泉山天池

我和家人闻讯赶来的时候
宴会已进入尾声
但我们仍然看到了盛大的一幕：
槐树李树樱桃梨迎春等所有亲友
坐满了坝坝宴
满山遍野的桃树为你翩翩起舞
一朵朵粉红的桃花
铺满无边的宴席
你脸上荡漾着满满的幸福

太奢侈啦
但我们能理解龙泉山
一位慈爱的母亲
对即将出嫁的掌上明珠
深入骨髓的爱心

夕阳下的村庄

田野抹上了一道斑斓的釉
荷花摇曳着娇羞
佝偻的槐树
像张望儿女归来的慈母
竹林和院落相偎相依
葡萄园闪烁着成串欣喜
溪水长吟着田园的诗意
白鹤的翅膀在晚霞中
惊艳一闪
村庄就有了点睛之笔

水牛的长哞是岁月的回音
炊烟从记忆袅袅升起

邻村一只只工厂
窥伺着小村庄
周边一头头高楼

围猎着果园池塘
百年老祠摇摇欲坠
祖先的坟茔已无处躲藏

夕阳的眼角掠过忧伤
这个绕膝的小孙女哟
不知明天将走向何方

汉阙三章

凝望汉阙

目送了大汉王朝
落寞远去的背影
抚弄过唐诗宋词的落英
蒙古铁骑消逝在远山的背后
明清的驿路最终愈合成田地山林
碑阙像灌木没入
历史的山野
直到蓝眼睛的色伽兰
眼睛发亮
为你拂落风尘

我深情的一望
你就度过了前世今生
摩挲你青色的背脊
就像抚摸一条

从历史深处游到脚踝的鱼

在旷野中捱过
日烈霜冷的痛切
风暴雷霆的摧折
五胡乱华的狼烟
“破四旧”等劫难
是一件多么不可思议的事啊
再锈再钝的时光
磨上千年也可削铁如泥
而你们竟然仍是傲骨铮铮

品读碑阙
是翻阅古人的照片与梦幻
屏气凝神
石头发出吱呀打开的声音
朱雀展翅飞来
青龙衔璧升腾
力士奋臂托举
乐伎踏歌而行
觥筹交错酒香四溢
主人频频拱手举樽
诸位大人，请
转身已车马辚辚
与我揖别黄昏

叱咤风云的主人
坟茔尸骨已零落成尘
唯有忠贞的碑阙守望千年
为主人招魂

汉阙铭文

此处无酒
我却沉醉不起

一个个汉字
力透石背
像坚利的鹰爪
攫起猎物躯体
即使已是收笔
也是见血封喉的锋刃

那指向天际的惊世撇捺
是主人征战的跃马扬鞭
是鸣镝呼啸的耀眼弧线
还是明犯强汉者虽远必诛的
雄汉气象大国豪情

痛饮烈酒
长歌当哭
挥毫处风云骤起

落錾时刀剑齐鸣

这是被超度的
艺术精灵
这是火山喷发时瞬间凝固的
蓬勃生命

回乡之路

灵魂早已返回故乡
骨头还在遥远的路上

他的马蹄碾压过匈奴连天的旌旗
他挥动剑戟抚平了帝国北疆

这是历史一再上演的剧目：
君子盯住小人是非喋喋不休
小人盯住君子头颅磨刀霍霍
一纸锋利的谗言
变成涂有毒药的暗箭
大汉幽州刺史冯焕轰然倒地
尸伏长安

尸骨回乡的路
崎岖颠簸而怅惘
幸有亲如手足的战友袍属

一路抚哭相送
不至于太过凄清彷徨

报国心长
此生路短
绕阙三匝
也可魂安故乡

碑阙消隐
抬头看见
一千九百余岁的冯使君
身佩长剑
一脸肃然
端坐前方
镀满一夕斜阳

注：汉阙，汉代一种纪念性建筑，立于城门或建筑群门外表示威仪等级的建筑物，为汉代仅存于地面的建筑物，被称为“石质汉书”、“古代建筑的活化石”，渠县现存6处7尊汉阙，被称为“汉阙之乡”（全国现存仅29尊）。

破土而出的城坝遗址

这么多的朝代
拥挤在十米左右的
地面以下：
战国秦汉西晋。
这么多的宝贝，
像庄稼地里一窝窝丰美的土豆，
在这里相拥相伴：
编钟铜釜矛戈汉砖竹简。
这么多的金戈铁马，
还在史册奔腾呼啸。
这么多年的滔滔江水，
还在这里徘徊流连。

在某一个夕阳西下的傍晚，
你颓然倒地后，
从此销声匿迹一千八百年。
昔日的芳华与风采被岁月锁进

历史的抽屉，
我搜寻的目光随青草枯荣了
岁岁年年。

像一位书剑在身
怀才不遇的书生，
你坚信：
消逝的城池只是你
枯萎在地面的花朵，
那青铜玉器的根茎和光芒
终将破土而出，
惊艳某一个明天。

原来广阔的黑暗，
只是你漫长的冬眠。

注：城坝遗址位于渠县土溪镇，为古賨国国都所在地。后为东汉名将车骑将军冯绲所修，故名车骑城，该遗址发掘大量战国青铜器及汉代文物。为国家文物局十三五期间发现的重要大遗址。

站在古战场八濛山顶

抬眼四望
我终于明白
两位将军在此长期对垒相持不下
哪里是为打仗
分明是贪恋风景
袅娜的渠江在此长久徘徊
远去之后竟又悄悄折回
揽住八濛山挺拔的腰身
彩色的田畴是渠江
随风飘飞的裙裾
跌宕起伏的山峦发出
环珮叮当的乐音

怎么忍心兵戈相向
望一眼此山此河
心中的铁骨早就化为
似水柔情

看不见两千年前
张飞大战张郃的刀光剑影
看不见百年之后
自己在哪里浅唱低吟
唯一看得见的是
一万年之后
江山仍然这样相依相偎
情意氤氲

注：渠县天星镇八濛山为三国时代蜀国五虎上将之一的张飞大战魏国五子良将之一的张郃之地。风光绝美，令人倾倒。

老　院

一群祖先在荒草灌木中
大汗淋漓把你分娩
你在日晒雨淋中
顶天立地了两百年
尘灰结痂的神龛
清晰地标示了你的来路血缘

孝子贤媳在檐下的说笑
阁楼上隐藏的地下党员的心跳
院坝斗地主的喧哗
堂屋分家产的吵嚷
如今都已烟消云散
你年轻时血气方刚
身躯撑退过十级风暴
头颅顶碎过狂躁雷电
品读你苍老的容颜
岁月在你的每一寸肌肤上

层层叠叠刻录了
斑驳陆离的悲欢

少年时候的燕雀
在记忆的梁上惊起飞翔
远逝的亲邻和鸡犬
在房前屋后喧哗来往
秃顶瘸腿
唇露齿落
瘦骨嶙峋
时光尖锐的牙齿
把你啮啃得百孔千疮
你衰老的步履
慢得像静水流沙
快得像马蹄声声

老人零落成泥
青年和孩子像溪水
流向城市他乡
你和仅存的一位邻村老哥
在田园中孤独守望

风雨交加的某一天
当你颓然倒下
谁来看望你卧床不起
谁来送你终老故乡

多年之后
当荒草像洪水淹没村庄
我们如何辨识回家的路
到哪里搜寻
可与祖宗对话的神龛

故乡的春节

老院在夜色中佝偻着腰身
悄悄把散落在地的
鞭炮声烟花声欢笑声
一粒粒收藏
此后的日子
他要把它们像豆子一样
倒出来
让空落的院子
噼啪作响

一栋栋楼房
描红涂眉
一身新妆
像春天的新娘
闪闪发光
唯有这八方游子归来的春节
才有人陪伴欣赏

乡村的春节本来肥硕修长
青壮年们把它像甘蔗一样
削掉一截又一截
扔在天南海北的路上
放在谋食的工地和厂房
只剩下大年三十初一初二
这味道最甜最浓的根部
细细咀嚼品尝

小　河

那些浪花至今像蝴蝶
在记忆的河面闪烁翻飞

小河从深山里蹦跳着跑出来
在大大小小的石头间
闪转腾挪奔走不息
就像山里的孩子
远方在心里不断发芽滋长
鱼都聪明地躲在石头底下
不声不响
白云蓝天和青草
淙淙流淌

村民弯腰从河里挑出
几生几世的健康
饥渴的路人俯身捧饮
千山万壑的清爽

这样的景象被我多年前
离开时带走了
就像山岭早已走散的烟云

大　雪

像今夜蜀地的暴雨
那场雪一直铺天盖地下着
把大巴山的手脚和眉眼
全都罩住了
人们瑟缩着退回到房屋里
退回到棉袄里
退回到与身体等同的思维里

大雪把窗外的一切
压得喘不过气来
让身体变得真实而疏离
回望那场雪
你的心里像白雪
在一寸一寸堆积覆盖
哦，多么明净单纯
你开始属于家人
属于自身

属于心灵
就像可以触摸的
黑夜来临

那场雪的光芒至今
在暗夜闪耀
那里有我祖母的身影和目光
她正在呼啸的寒风
和刺骨的雪水里
为我濯洗远行的衣裳

小镇街巷

被岁月抛光的石板街巷
我挂起来晾在记忆的墙上

每当不小心触碰到它
就像碰到一张老琴
总会发出琤琤琮琮的声响
吱吱嘎嘎喘气的扁担声
张打铁李打铁的叮当声
卖葱葱蒜苗的吆喝声
墩子刀下密密麻麻的雨点声
炉火霍霍的招摇声

其中一个声音
像一粒沙落在地上
也被我捕捉到了
那是一个少年
悄悄从校门后边溜出来

鳖进馆子里打牙祭时
贪婪地呷巴嘴唇的声音

大巴山妹子

为了证明我生来具有
伶牙俐齿
我用了一年的时间和她吵架
不见输赢

对说怪话的男生
上前一顿臭骂并踢上两脚
无人应声

在小学毕业前夕
悄悄递给我一只
漂亮的手帕和钢笔
被我委婉拒绝
受到义正辞严责问

中顶山上几朵
扑面而来的情歌

让我至今羞红耳根

明媚着校园外那条
或已湮灭的小径
像荷花一样摇曳的
一袭衣裙

多年以后
在后河边一间茶馆里
我俯身捡拾几粒
叮当作响的哭声

其实
我一直就没有离开过
大巴山张望的眼睛

泸沽湖上荡漾的花朵

很久以前
你深埋湖底
无声无息
光照万物的阳光
弯腰也无法触及
你幽远的呼吸
纤弱无助
即使拼尽全力
柔可绕指的湖水
也是泰山压顶
让你无法动弹
可怜的海藻花哟
芸芸众生
谁不为你扼腕叹息

不愿埋没沉沦
不愿彷徨哀怨

向上
向上
努力潜滋暗长
蒙蔽的眼睛要张望
传说中五彩缤纷的世界
囚禁的身体要亲吻
仁慈的阳光
封闭的心灵要展翅飞翔
单薄的茎叶要捧出
至美至纯的果实芬芳

黑暗在光明的背面
苦难是通往幸福的驿站
向上
向上
坚不可摧的信念
变成射向湖面的利箭
柔弱不堪的身子
蕴蓄无坚不摧的能量
冲向重重压迫的湖面
奏出生命最动人的交响

在头晕目眩的一刻
含泪拥抱
自由和阳光
生命之花
瞬间灿烂开放

我看见卧佛院的一体两面

站在卧佛前
我看见卧佛院的一体两面

一面
荒无人烟
无廊无殿
石头永远沉默不语
山野一片清净
几个僧人还在
百年之后万里之外的来路
一面
香火袅袅
庙宇重重
僧侣香客满寺满谷
石头一直口吐莲花
梵音漫天飞舞

我站在这里只是一瞬
却见你闭目恬然数过
时间的念珠和世间的沧桑
一千年

车行回乡欣见

多年前已谢顶的山峦
今天满头青丝招摇
田野眉飞色舞
院落不时探头张望
满山遍野的阳光簌簌绽放

河流扭动腰身
草木的根茎在地下喧哗涌动
春光即将喷薄而出

我载着捂得严严实实的
最末一截冬天
去与家乡的春天相会
看见青山绿水
蓝天白云
和人们期待的目光
正像息壤一样
绵延生长

崇州听蛙

一脚踏进崇州葳蕤的六月
竟然踩到一片
茂密脆嫩的蛙声
美妙的和声此伏彼起
像雪花从地面纷纷扬扬
飘向天空

蛙声繁密
让喧哗的都市瞬间清静
恰似春雨沙沙落在心上
更像木鱼敲叩
绽放满地梵音

这蛙声
温润过陆通判的思乡梦
应和了杨昭勇侯少年时的刀剑嘶鸣
让余旭童年的呢喃变得更加五彩缤纷

蛙声如清泉
浸润每一寸肌肤
清洗每一根神经
在青蛙的催眠术中
我一眼望见
千里之外
三十年前
亲人和乡邻的谈笑
在鲜丽的月光和轻脆的蛙声中
袅袅升起

靠近再靠近
谛听再谛听
我伸手一遍遍摩挲
这久违的蛙鸣

这些年来
我们脚下的很多土地
已经不能分娩蛙声

注：陆通判，即宋代诗人陆游，曾在崇州任通判；杨昭勇侯，即崇州先贤、清朝名将杨遇春；余旭，即崇州人民的优秀女儿、飞行员、烈士余旭。

丹景山

1

携着家人亲友和一路春光
登上丹景山
在一朵朵云霞和锦绣里
我们依稀可见王勃高适陆游
在花间留连的目光和衣履
大唐的雍容
宋朝的绚丽
日上中天的茂盛阳光
全都触手可及

2

丹景山顶
一位满面红光的六旬老人
安然坐在屋外樱桃树下
他惬意地看着他养的蜜蜂

在蜂箱边飞进飞出
游客在他的木楼前来来去去
我们驻足欣赏这位坐拥
青山蓝天白云的老人和
他的蜜蜂以及坡前瀑布一样流泻的花丛
他呵呵笑着主动与我们摆龙门阵
我过几年就将满一百岁啦
现在的日子安逸啊
就像吃甘蔗一样
越来越甜啰
他像介绍他的儿女家人一样
主动介绍起了他的蜜蜂和花草果木
他满面笑容
清风流水一样自然地
满嘴带着把子
频频用国骂省骂市骂
说起它们的狡猾可笑或
温顺可爱
平素对脏话严重过敏的几位都市美女
此时竟毫无不适甚至毫无觉察
半天后我们才想明白
因为这位老头和这些
昆虫花草森林
以及山峰蓝天白云
都没有施加化肥农药激素和添加剂
非常绿色环保
非常生态宜人

从九寨沟载回一车歌声

在九寨沟返回成都的路上
两位藏族姑娘
挥手把我们的旅游大巴拦下
她们想搭顺风车到途中川主寺
车上一群恹恹欲睡的男子汉们
顿时来了精神：
可以！但你们必须和我们对歌！
两个姑娘欣然同意
像两只鸟儿呼喇喇地飞进车里

她们嗓子一亮开
阳光就喷涌而进
青稞香就一望无际地漫延开来
雪山就像竹节一样挺拔起来
雄鹰就让白云飞翔起来
马群就让草原奔跑起来
先前闹麻了的一车爷们儿

一个个披挂上阵
又一个个败下阵来
搜索枯肠之后像逐渐干涸的河流
到最后完全断流没有了声响

两个已经没有对手的女孩
相视一笑
像在她们山寨里一样
一前一后对起歌来
她们的眉眼在唱
发辫在唱
晶莹的琥珀头饰和玛瑙项链在唱
彩色的围裙在唱
把一段无精打采的道路和时光
唱得
翩翩起舞婀娜多姿
光彩照人春心荡漾

卧龙观熊猫

儿童的欢呼跳跃不存在
青年的嬉笑指点不存在
中国大妈的叫嚷不存在
多年前的汶川大地震不存在
你的眼中只有
箭竹同伴以及奶爸奶妈
你的爪爪像个自动传送带
源源不断向嘴边传输箭竹
阳光懒洋洋地抚摸你
仰天翻晒的肚皮
你的伙伴成了你翻来滚去
乐此不疲的最好玩具
你一时兴起嗖嗖爬上树梢
像杂技演员
把上肢搭在枝杈上
悬空吊着半天蚊丝不动
让我们看到了憨拙的你

真有不轻易示人的绝世功夫
也看到了你的
事不关己高高挂起

饱食终日无所用心的你
丝毫不知道
自己有多萌多可爱
也不知道人们把你当成
小祖宗
爱得死去活来

三星堆

泥土和岁月
掩埋掉一尊尊青铜和神像
收藏起玉琮王冠金杖
关闭掉一个族群的呐喊
熄灭一个王国的光芒
三星堆就像一个突然
失语失忆失灵的巫师
在三千年里悄无声响

那一天
泥土下面的一袭衣裾
像闪电的刀锋划开
厚重的云层
当一缕阳光再次触抚
那些凝固的青铜玉器
那个碳化的王国民族时代
纷纷复活舒醒

他们肃立着载歌载舞
他们沉默着滔滔不绝
他们静止着上天入地
让人惊心动魄头晕目眩

你静卧历史的莽莽丛林
几乎隐没了踪影
我们认不出你的本来面目
看不清你的足迹来路
你告诉愚妄的人们：
你们所看到的
只是历史的枝叶
真相往往埋没在地下
看不见的那些
盘根错节的根茎

造访安吉

我来看你的时候
你的头顶开着一朵朵
丰美的白云
溪水含情脉脉打量着
一路风景
绿色的波涛连绵起伏
阳光与翠竹蜂拥来临

你的名字是诗经枝头
滴落下来的一颗晶莹的露珠
你的山水是文字中
闪耀的星辰
抚摸你的肌肤可以知道
你其实有过一段
伤痕累累的里程

今天

你的绿水青山已经长成
金山银山
咀嚼你的光影清风
我看见
你的绿色和名字
在我们的期待和渴望里
迅速受孕着床
诞生成长
瞬间长成心中的家园
心中的祖国模样

注：安吉县位于浙江省湖州市，其名来自《诗经·国风·唐风·无衣》，是习近平“两山”理论的发源地。

我把光雾山连根拔起带走了

你可以把种子种在石头缝里
种在山巅
但你肯定不能把它像那棵树一样
种在人心里

它在乳白色的云雾缭绕间
如墨一样凸显出来
它像夸父射出的一枝
奔向太阳的箭
呼呼生风地向着前方生长
它挑战了树类的极限
垂直于万丈悬崖
垂直于迎面而来的风刀霜剑
垂直于你的思维和想像
让自己骄傲的身影
成为山间的一道闪电

这棵树让你清晰地看到
一座山的血脉和筋骨

不是因为巴山妹子般
一路嬉闹的山溪流泉
不是因为连接云霞的
千山红叶
甚至不是因为在绝顶
苦苦等候了我们
一千年的杜鹃
——仅仅因为这棵树
离开南江时
我竟然悄悄把光雾山
连根拔起带走了
未留一根枝蔓

长安街的脚步

——观国庆七十周年阅兵

脚步竟然这样美
每踏出一步就绽放出
一地花朵
脚步声竟然这样悦耳
每踏出一步都
天籁飞溅
飞扬的脚步
无可阻挡
震颤着大地的心脏

脚步谱写的弦律里有
南昌起义激越的枪声
长征路上嘹亮的号角
上甘岭弥漫的硝烟
有千万英雄烈士的
振臂呐喊
有中国人民站起来了的

豪迈宣言

脚步里有犯我强汉者
虽远必诛的祖先血脉
奔涌而来
脚步声里有大唐
金戈铁马的磅礴交响
这耀眼的花朵点亮了
百年前水深火热人们
枯萎的目光
这排山倒海的声浪沸腾了
千里之外的黄河长江

脚步擦拭着前方
让道路越来越明亮
脚步声濯洗着我们的视野
让天空越来越蔚蓝
大地越来越青葱
越来越辽远

华夏儿女的脚步已汇聚成
浩荡的洪流
洪流正翻涌着祖国
青春的阳光

第三辑

附录

古韵新声

欣见龙泉山云瀑

驿路聚风云，
龙泉气象新。
马蹄东进急，
山河长精神。

注：东进为成都战略

遥望巴山兼怀云

拨开蜀地千重雾，
遥望巴山一段云。
霓裳醉染清江水，
化作桃花点点春。

述 怀

久藏心底恨，远行到蜀州。
一路花枝俏，两眸碧水幽。
客子生清趣，壮心怀国忧。
应住锦江畔，君在山那头。

新年驱车上班

曙色催人醒，
春风入幕轻。
阳光照耀处，
尘色起新程。

咏家花

家花只一朵，
亦可满庭芳。
纤纤擢素手，
红袖时添香。

马王离婚

马王离婚，媒体发情。
二人拉豁，涉银涉淫？

追腥似猫，逐臭如蝇。
八卦绯闻，满纸满屏。
英雄壮士，鲜有问津。
误人子弟，伤民精神。
嗟尔无良，悬崖勒停！

观小狗抽烟视频戏作

偷得主人一支烟，
享受浮生半日闲。
任她庭院喊破嗓，
我自悠然吐烟圈。

观猫跳街舞视频偶作

时代不断进步，
需会多种招术。
上班认真捉鼠，
闲暇秀秀街舞。
工作亦有快乐，
生活就是幸福。
请看这位仁兄，
何曾叫累叫苦！

说巨婴

巨婴岂是婴，
其状非天真。
老鼠过街来，
一片喊打声。
乖谬呈泛滥，
风气见沉沦。
病因从何来？
不治将益深！

武林大师

秀腿花拳一抖搓，
众生也自起吆喝。
钱塘潮退白沙现，
照妖镜前白骨多。

诗人评论家点评

在那桃花盛开的地方必有诗歌绽放。这是一部有趣有故事、有情有意象的诗集。雍也写历史人物、写父母亲友、写龙泉、巴渠风物、写所见所感，都融入了自己的史思哲思情思，写得轻松愉快而自然淳朴，毫无雕琢生硬之感。如“诗经里长满郁郁葱葱的爱情”、“失眠是河中桀骜不驯的木头”、“甑子场长得奇崛而硬朗”等诗，融入天性的抒情纪事，直击人心。他笔下的不少地方，也是我熟悉的，但我没能像雍也那样去诗情地发现和表达。这种诗意的陌生化营构是极其难能可贵的。我以为，雍也穿行在诗行中的是他宝贵的不为世俗所湮没的诗性和灵光。他笔下的文字铺排张扬，不拘一格，率性而为，形成了雍也独特的诗歌创作风格。

——李明泉（中国文艺评论家协会理事、四川省文联副主席、四川省文艺评论家协会主席）

充溢着悲辛杂陈的人生况味、对于艺术发现的惊奇以及独到阐释、自然与人文深沉的礼赞、更有人间烟火的万千滋味……，生命意识和历史感、时空感辗转积淀，余味深远，感慨淋漓，这一切，缭绕在作者的字里行间，深郁宛转、浑然天成的高超表达“像花瓣在空气中四处飘飞熠熠生辉”

——伍立杨（四川省作家协会副主席、《当代文坛》原主编）

雍也的诗有风骨，有生活实感，有韵味，有节奏，有自己独特的表现方式。那些通过历史人物和现实人物刻画所表现出来的诗意，尤为引人注目。见出其学养支撑的创作底蕴和生活给予的创作灵感。而写家乡与龙泉的诗，深情、自然、形象、也给人以美的感受。他不玩弄技巧，不跟风而为，在当今浮华的诗风中，避免了同质化，从而显现出自己的品位。

——曹纪祖（第四届、第五届鲁迅文学奖评委、四川省诗歌学会会长）

在我心目里，诗歌大体有两类，一类是旱地拔葱式的，渴望在云端放置自己的眼睛来俯视大地；一类是回到大地深处，渴望把那些匿名、匿身的事物，尽力托举起来，成为天地间不可或缺的组构！雍也在散文与诗歌之间侧身而立，在全力俯身大地之余，他托举起来的事物，不但有土地蕴含着的全部气质，更有巴山蜀水的厚云与哀痛，以及他从历史凹陷处掬起的眼泪！我喜爱这种对大地的歌吟！

——蒋蓝（中国作协散文专委会委员、四川省诗歌学会常务副会长）

每个人都有自己的心灵原点。这个原点常常是故乡或对其一生产过过深刻影响的场地。美国作家福克纳（Faulkner）的原点是一个名叫“约克纳帕塔法”（Yoknapatawpha）的地方，实际上就是作家的故乡“邮票般大小”的密西西比州奥克斯福（Oxford）。诗人雍也的原点似乎并不在他出生的川东渠江，而在成都龙泉驿。当然，这条让诗人行吟不已的驿路，还指向了更为辽阔的世界和人生驿站。雍也拥有多重身份，但最重要的是诗人和学者，这也给他的诗篇带来灵动的“气韵”、思想的“骨骼”和雍容不迫的“俊朗风神”。

——向以鲜（诗人、四川大学教授）

《血脉中的驿路》让诗歌语言具有行走的错觉，鲜活而生动。诗意的光芒照耀的并非驿路驼铃落日，而是东山下客家的袅袅炊烟。由是盘点后的驿路岁月融化了词语，成为春天草木的气息。

——牛放（四川省作家协会副秘书长、《四川文学》杂志原主编）

当一个驿路行吟者能够在某一特定瞬间鹤立鸡群，返回自己多情多义的内心，面对事物人物既从容旁观又专注考量，以别样的文字记录下他的所感所思，他没有违背灵魂的牵引，亲近了诗歌，从而能够在诗经里独特体验郁郁葱葱的爱情，以其他人无法替代的方式忆念和感知诸意诸象、诸趣诸悟，他完成了另一个自我的确立，将自己与世界的多端融合进行崭新命题和表述，凭此表达意义和呈现价值，他的文本值得大家阅读与关注。

——杨然（诗人、《芙蓉锦江》主编）

雍也的文字亦庄亦谐，雅致与粗暴交融，自成一格。每首诗都有故事、有生活、有趣味，行云流水，大起大合，自由纵横，不学院、不匠气、不拘泥于形，带着天生的野性。这个没被各种主义污染的天然诗人，刀法细腻，把现实切割成片，洞见了细节与真实。

——喻言（诗人）

一看书名，便知雍也并非生长于斯。而细读其诗文，却浸透着他对龙泉驿这片热土的深情热爱和眷恋。他用朴素、真挚、白描的手法，抒发着一个直将异乡当故乡的“漂泊者”且行且歌吟的内心情感。他的诗，虽没有文人士大夫惯有的乡土情怀，但却让人深切地感受到了他内心浓浓的乡情，这是一种找到了灵魂栖息之地的透悟与洒脱，是一种更为博大的胸怀。必须指出的是，他的诗大多撷取的是自己生活的片段，或叙述，或抒情，都无不洋溢着浓郁的生活气息，既诗意盎然，又颇接地气，读来让人倍感亲切、耐人寻味，这就让他的诗与一些风花雪月、无病呻吟区别开来，而凸显出其作品的生命力和艺术价值。

——陈小平（诗人、四川师范大学文学院教授）

雍也，一个性情的人，写诗和为人一样充满了性情。其名，来自于孔子《论语》雍也篇，这似乎注定他身披了孔子弟子的哲思外衣。然则其诗，实为感性之酿，不论是写人、记事、咏物，皆是随心而走。《血脉中的驿路》便是他在龙泉驿边走边唱的一曲咏志的情歌。

——彭志强（成都市作家协会副主席、成都商报文体部主任）

人间温暖、五谷气韵、河山万物、连我筋骨；雍也的诗无一不得之于诚、得之于真。这是一个不屑于“讨巧”、完全按照自己的写作路径前进的诗人；他不是一个“造句”的“诗匠”，他是一个真正的诗人。

——山鸿（诗人）

在四川诗界，雍也诗写话语的沉静与罕有低调有着诗如其人般的大地品质：坦荡、磊落——无碍的视域，以至他能清晰看见：“筚路蓝缕披荆斩棘的祖先/传递而来的星辰的光芒”（《三十年前的目光》）；稳沉、厚重——正可谓，再“单薄的茎叶/也要捧出至美至纯的果实芬芳”（《泸沽湖上荡漾的奇美花朵》）。诚然，大巴山与龙泉山脉弯曲划向天空遒劲、硬朗而又柔力漫射的峰线，交织在拥有两个故乡的他的笔下，令他的表达在兼容并蓄（古典现代）的多维叙事语境中获得了毫无违和之感的字词张力与自在生机。同时，我注意到，在这部诗集中，对灵魂故土与家园的热望及世界性乡愁的具象抒写，构成了他笔下最为扣人心弦的景观：“灵魂早已返回故乡/骨头还在遥远的路上。”（《回乡之路》）

——陶春（诗人、评论家、《存在》主编）

雍也的诗歌仿佛就是民俗与地理的抒情，平凡、简单的日常性，家常一般的叙述，独白与倾诉，为我们展示了生活的百味。起伏的语势，记忆与经验，倾注了诗人一颗悲悯和趋善的心。雍也诗歌的触角深入历史传统和本地诗性勘探，作为对时间遗忘的抗争和瞬间命运意义的审美，这样，雍也的个人书写是有效的。

——易杉（诗人、评论家、《圭臬》主编）

雍也的诗忠实于自己的真切感受和体验，语言朴实，情感浓郁，在不动声色中具有撼人心魄的力量。显示出一位诗人独特的洞察力、领悟力和想象力。

——印子君（诗人）

后 记

莫听穿林打叶声，何妨吟啸且徐行。竹杖芒鞋轻胜马，谁怕？一蓑烟雨任平生。

料峭春风吹酒醒，微冷，山头斜照却相迎。回首向来萧瑟处，归去，也无风雨也无晴。

这首《定风波》体现出苏夫子竹杖芒鞋气定神闲、潇洒来去笑傲山野的气质风采，表露出惯看秋月春风、安然自在的意趣情怀，显示出淡看祸福荣辱、直面人生风雨的豁达胸怀气度，折射出和光同尘而又超尘拔俗、入乎其中又出乎其外的品位格调，让人羡慕、令人倾倒、使人着迷，其生命境界和艺术境界均让人心向往之，印证了王国维先生在其《人间词话》中所谓的“词以境界为最上”，“有境界则自成高格”，“诗人对宇宙人生，须入乎其内，又须出乎其外。入乎其内，故能写之，出乎其外，故能观之。入乎其内，故有生气，出乎其外，故有高致。”这首东坡词是我最喜欢的词作之一，所以差点在未征得先生同意的情况下，择其句作书名。呵呵——顺便说一句，这句网络流行语据说也是他老兄最先发明的，呵呵！

这本诗集中的诗当然算不上有境界，但不妨我的写作和人生中有此追求。

这本诗集主要内容为以龙泉驿为基点，对故土家园（巴山、渠江、龙泉驿）的回望打量，对山川风物的流连品读，对人生世相的观照体味（另有少量青年求学时代的作品）。力求传达出人性的真诚与美善，体现出对生活的咀嚼和思索，奉献出对家国的歌咏与情义。因此，这些诗歌不腾云驾雾也不吞云吐雾；不装神弄鬼也不装疯卖傻；不“回眸一笑百媚生，”也不“侍儿扶起娇无力”。

凸凹先生说，诗有神性，将比宗教生命更长。我深以为然！因为诗歌集真善美于一身，自有光芒，自有风度，自有魅力，自在人心，不容亵渎，不容轻慢，虽然它已生不逢时，甚至不合时宜，不被待见——当然，其中也有诗歌江湖一度被种种原因搅如诗歌浆糊，有待正本清源之故。

顺便说一下对当今诗坛的一点感观。新诗经过百年的打磨沉淀，已卓然成势、气象万千，名家大家辈出，佳作名作频现，且呈融合创新掘进的势头，正如诗歌评论家谭五昌的结论：“中国新诗整体已经取得了令人瞩目的成就”（《百年新诗的光荣与梦想》，见《当代文坛》2017 第 3 期），颇值欣慰欣喜欣赏。但对诗歌中出现的两种走向我个人是不大认同的：一种是言之无味甚至味同嚼蜡且无思想、无内涵、无感情的口水诗；一种是远远背离诗歌之歌的传统，完全不讲音韵，语言节奏语势上实际只是散文（不是散文诗）的分行书写，简直像失去女性特征之美的女人——虽然其中的一些诗人和诗很好，名气很大，影响很大，贡献很大，但萝卜青菜各有所爱，我作为诗歌公民有不认同这一点的权利。如有冒犯，还请海涵——我的意见是：诗歌应该是美的（这当然包括对假恶丑的鞭笞），诗歌应该是可以“歌”的（即有一定的韵律节奏的，所谓“饥者歌其食、劳者歌其事”，有诗歌自身“性别”特征的）。此外，这里也对这些年来某些极个别“名诗”发点杂音：它们有的就是垃圾甚至是重污染垃圾，它们的作者以没有血缘来路即以石头缝里蹦出来的姿态、以大言不惭的自我叫卖的口气、以皇帝新妆的无耻、以低俗为通俗、以相互吹拉捧拉帮结派抱团取暖的推销方式建立山头，虽有吹鼓手喝彩而终为垃圾，虽声势很大而在历史上留不下声名，虽闹热而不会赢得人民的掌声，虽人多势众而最终会作鸟兽散。——当然，我这个业余诗人的作品就更等而下之了！“门外诗谈”，个人陋见，不一定对，还请方家指教。

特别声明：我不是诗人，仅仅是一个资深的爱诗之人，实在要鼓励我、高抬我，我愿意被称为“来自泥土、来自基层、来自人民的草根诗人”；此外，也有人好奇地问：你是怎么在那么繁重的工作中保持诗心、在平淡的生活中发现诗意的？我笑答说：这些业余时间创作的诗歌是我用“神经分裂”的方式创作的！因此，水平浅陋之处，敬请读者海涵！

特别表达：这本诗集除了献给生我养我的故土家园外，还要献给爱我助我成我的爱人宋兴琼。没有她的奉献牺牲，没有她的支持认同，没有她的欣赏激发，没有她的真善美唤醒我沉睡的真善美，没有她营造的丰美环境诗意氛围，这些诗歌的种子就不可能发芽，更不可能破土而出！

特别致谢：杨牧、凸凹先生惠赐佳篇，对本书给予高屋建瓴、纵横古今、黄钟大吕、鞭辟入里的评论，特别是杨牧先生以75岁高龄、颐养天年之身，在近年极少动笔的情况下，青眼有加，奖掖提携，综揽全书，欣然作序，令人感佩；李明泉、伍立杨、曹纪祖、蒋蓝、向以鲜、牛放、杨然、喻言、陈小平、彭志强、山鸿、易杉、印子君等知名评论家、作家、诗人点石成金、画龙点睛的评点鼓励！感谢著名唐诗研究专家、鲁迅文学奖获得者周啸天教授为本书惠赐墨宝，诗人向咏梅对“古韵新声”中几首古体诗在音韵上的指点，邱笑秋、陈方仁、余茂智、刘斌为相关诗作提供了相应书画、摄影作品，我的父亲雍朝辉为本书题写书名。此外，在本书编辑、出版过程中，凸凹、印子君二位诗人给予了诸多热心指点帮助，甚至“娃儿”是我“生”的，“名字”是大家斟酌取的；鲁鸣同志利用业余时间收集整理、打印、校对、衔接、传输文稿，出力甚多，劳烦甚大。在此一并拱手谢过！

二〇一九年五月五日